アクティブラーニングを成功させる学級づくり

「自ら学ぶ力」を着実に高める学習環境づくりとは

河村茂雄 著

誠信書房

はじめに

　現行の学習指導要領において，小・中・高等学校でも「学習者主体」の授業の展開が求められるようになりました。そして，大学の学部教育の授業改革で注目されたアクティブラーニングが，小・中・高等学校の学校現場でも注目されています。

　学習者が「汎用的能力（キー・コンピテンシー）」を獲得するために推奨された学習活動が，アクティブラーニングです。

　では，先生方は，それをどのように支援していけば，成果が上がるのでしょうか。学習指導要領で提起されたグループ・ディスカッション，ディベート，グループ・ワークなどを授業に取り入れれば，ストレートに効果は高まるのでしょうか。

　現在，多数の自治体で，「アクティブラーニング」を冠した研究校が指定されています。そして学校現場では，「アクティブラーニング」の方法に関するハウツー書が求められ，様々な取り組みがなされています。ただし，「とにかく授業にグループ活動を入れなくては」などといったように，最初に方法ありきで，授業展開の型を身につけることに過熱感が出ている感もあります。形だけやった気になったとしても，かえって児童生徒の学習活動は混乱するのではないかということが危惧されます。

　アクティブラーニングを向上させるためには，理念の理解だけではなく，アクティブラーニングの「コンポーネント（構成要素）」を詳細に検討することが必要です。

　これからの児童生徒に求められる学習は，下記のようなことです。

「アクティブな学びを取り入れた授業を通して，【一定の知識 ∪ 汎用的能力（㋐自ら学習する能力 ∪ ㋑協同の意識・行動様式）】を㋒自ら獲得する」

　〔※∪…和集合〕

そして，その一つ一つの要素，
「㋐『**自ら学習する能力**』とはどのようなものか」，
「㋑『**協同の意識・行動様式**』を身につけさせるには，どのような学習方法が求められるのか」，
また，教員が教え込むのではなく，児童生徒が
「㋒『**自ら獲得できる**』ようにするには，どのような指導法が求められるのか」，
の理解が必要です。

さらに，その基盤には，㋐㋑㋒が成立するような「学習集団」が必要であり，その学習集団はどのような状態が求められるのか，この理解が不可欠です。

したがって，いくら「アクティブラーニング」といわれる授業の型や方法に精通しても，各コンポーネントを効果的に組み合わせた実行と，ベイス・ファクター（基盤要因）への働きかけを疎かにしては，期待する成果は上がらないと思います。

成果を上げるためには，「ベイス・ファクター」が，「児童生徒同士の相互作用（インタラクション）」の質に，決定的な影響力を持つからです。

児童生徒のアクティブラーニングの成果を左右する「コンポーネント」や「ベイス・ファクター」は，従来からずっと取り組まれてきた研究領域です。教育政策の大きな転換期を迎えた現在の日本の学校教育現場において，パラダイムの転換が求められるのは，実は，授業について，その背景にある教員たちの「学級集団づくり」と「指導行動のあり方」です。それは，求められる学習の目標が，知識の「習得」から「活用」「探求」にシフトしてきたからです。

児童生徒が最もモデリングするのは，目の前の先生方の思考の仕方やそれに基づく行動です。児童生徒に21世紀型の能力を身につけさせようとしているその先生方が，20世紀モデルではお話になりません。

では，児童生徒の，これから求められる能力の獲得につながるアクティブラーニングが，より成果のあるものとなるように支援するには，どうすればよいのでしょうか。アメリカでは1980年代から，アクティブラーニ

ングに関連する多様な研究と実践が数多く行われ，すでに一定の知見が確認されています。

本書では，それらの知見の中から，児童生徒たちの相互作用の土壌となる学級集団を中心に，日本の学校教育に関連する領域の内容を取り上げて整理することを試みました。

アクティブラーニングのその支援の内容につながる基本的な知見を提供することを目的に，本書は執筆されました。「アクティブラーニング」の展開方法に関するハウツー書はかなりたくさん出版されていますが，「アクティブラーニング」の成果を支える要素がどのようなものなのかについての情報が，相対的に少ないと感じたからです。

本書が，これからの児童生徒に求められる学習活動を，「学級集団」を基盤として促進していこうと努力している先生方や教育関係の方々の，一つの指針となれば幸いです。

2016年9月
　就職活動をするゼミ生との会話から，社会の変化の速さをしみじみと感じながら

早稲田大学教育・総合科学学術院教授
博士（心理学）　河村茂雄

目次

はじめに　iii

序章　〈本書の目的〉アクティブラーニングが実質化するために　1

1　アクティブラーニングへのハードルは決して低くない　1
2　本書の「アクティブラーニング」に対する考え方　4
3　学びへのアプローチの深さと「授業改善」の必要性　5
4　本当の"成果"を上げる「授業改善」とは　7

第1章　アクティブラーニングが求められる学習活動とは　11

1　「アクティブラーニングを取り入れた授業」の意味　11
　〔1〕アクティブラーニングが求められてきた社会的背景　11
　〔2〕授業にアクティブラーニングが求められる理由　14
2　これからの学習指導要領で変わってくること　17
　〔1〕教育政策の転換のポイント　17
　〔2〕学校現場におけるコンテンツとコンピテンシーの取り組み方の難しさ　21
3　自ら学習する能力とは何か　22
　〔1〕自己調整学習　22
　〔2〕自己調整学習の循環的段階モデル　27
4　協同学習　29
　〔1〕協同学習とは何か　29

目　次

　　〔2〕協同学習の前提となるグループの状態と質　31
5　アクティブラーニングが活発に行われる状態の学級集団での学習とは
　　——実践共同体での学び——　32
　　〔1〕正統的周辺参加　36
　　〔2〕認知的徒弟制　38
　　〔3〕学級集団に内包される隠れたカリキュラム　40
6　これから求められる学習とは　42

第2章　アクティブラーニングを実質化させる学級集団とは　49

1　アクティブラーニング実質化の前提として求められるもの　49
　　〔1〕個人が達成すべき課題　51
　　〔2〕組織が達成すべき課題　52
2　アクティブラーニングを実質化させる学級集団の状態とは　56
　　〔1〕学習者個人が達成すべき課題　57
　　〔2〕学級集団が達成すべき課題　58
　コラム　アクティブラーニングが行われた学習集団の一例　74

第3章　アクティブラーニングが実質化する学級集団づくりとは　77

1　アクティブラーニングが活発に行われる状態の学級集団　77
2　アクティブラーニングが活発に行われる状態の学級集団づくり　78
　　〔1〕教員のリーダーシップ行動・PM理論から学ぶこと　81
　　〔2〕セルフリーダーシップ論から学ぶこと　84
　　〔3〕自己調整学習の理論から学ぶこと　87
3　学級集団の発達段階から考える「理想の学級集団づくり」　90

4 学級集団の発達段階から考える「理想の学級集団づくり」と
協同学習の5つの課題　94
　〔1〕5つの課題との関連　94
　〔2〕「学級集団づくりのゼロ段階」の学級の問題　96
コラム　満足型学級集団が形成される流れ　101

第4章 アクティブラーニングで求められる教員の指導行動　106

1　従来型の教員の指導行動　107
2　アクティブラーニング型授業の展開を目指す教員の指導行動とは　109
　〔1〕自律性支援を志向する　110
　〔2〕対話を重視する　113
　〔3〕適切なモデリングができるように支援する　117
　〔4〕学習者同士の相互作用を活性化させる　119
　〔5〕実践共同体の作用を活用する　127
　〔6〕求められる支援・対応　129
3　学習指導と生徒指導との関連　129

第5章 現状の学校現場でアクティブラーニング型授業に取り組んでいく指針　135

1　アクティブラーニング型授業を実施する際の学校現場の難しさ　137
　〔1〕学習者個人が達成すべき課題　137
　〔2〕学級集団が達成すべき課題　139
2　学級集団の現状に合わせた対応の指針　144
　〔1〕児童生徒・学級集団の状態によって，能動的な学習活動の構成
　　　を調節する　145

〔2〕協同活動の自由度を調節した，学習活動の展開の指針　148
3　自己調整学習・協同学習を踏まえた授業イメージ　163
　　〔1〕知識伝達型スタイルの授業（コンテンツ・ベイス）　164
　　〔2〕アクティブな学びを取り入れたスタイルの授業（コンピテンシー・ベイス）　166
　　〔3〕アクティブラーニング型授業の展開の試行錯誤　170
4　学校現場で真に取り組まれるべきこと　174
　コラム　満足型学級を形成する教員の学級集団づくりの方法　178

あとがき　183

序章

〈本書の目的〉
アクティブラーニングが実質化するために

1　アクティブラーニングへのハードルは決して低くない

　今日，小・中・高等学校の学校現場で，アクティブラーニングが注目されています。授業を通しての学習目標において，従来の知識習得以上の，「汎用的能力（キー・コンピテンシー）」の育成が重視されてきているのですから，アクティブラーニングは必要であると考えます。

　ただし，大学の学生たちの学習がアクティブラーニングとなるように支援する[1]のと，小・中・高等学校の児童生徒の学習がアクティブラーニングとなるように支援する[2]のとでは，やや異なると思います。

　大学で授業をする学習集団は，授業ごとに履修する学生たちが集まる，一過性の学習集団です。授業履修について，しっかり契約（評価の仕方，参加の仕方，期待される取り組みなど）し，その上で展開されることが一般的です。それに対して，小・中・高等学校で授業が行われる集団は，最低1年間はメンバーが固定された**学級集団**です。学級集団は「**学習集団**」としてだけではなく，背景に「**生活集団**」の側面も併せ持っています。その影響が，授業時にも児童生徒間の人間関係に反映されてきます。したがって，授業だけを独立させて協同で学習させるということが難しいのです。

　アクティブラーニングは，「**学習集団**」の中で展開され，「**学習集団**」内のメンバー間の相互作用が，決定的な意味を持ちます。そして，日本の場

合，それはそのまま「**学級集団**」となります。

　したがって，アクティブラーニングを通した児童生徒の学習が，より成果が上がるものとなるためには，学習集団／学級集団の状態や質が，今まで以上に，より大きな影響を持ちます。

　児童生徒のアクティブラーニングが成果につながるような学習集団／学級集団の状態や質が担保されなければ，この取り組みは形骸化してしまいます。そして，そのハードルは決して低くはないと考えます。

　そう考える根拠は，大きく次の2点です。

〈1〉目標と実態のギャップがとても大きい

　文部科学省は，「子どもたちのコミュニケーション能力を育むために～『話し合う・創る・表現する』ワークショップへの取組～（審議経過報告)[3]」の中で，「21世紀は『知識基盤社会』の時代であると共に，グローバル化が一層進む時代で，多様な価値観が存在する中で，自分とは異なる文化や歴史に立脚する人々との『多文化共生』の時代である」との認識があり，「21世紀を生きる子どもたちは，積極的な『開かれた個』，つまり，『自己を確立しつつ，他者を受容し，多様な価値観を持つ人々とともに思考し，協力・協働しながら課題を解決し，新たな価値を生み出しながら社会に貢献することができる個人』であることが求められる」と指摘し，そのような中でアクティブラーニングが登場してきました。

　この背景には，現代の児童生徒の人間関係に関する現状や課題として，「子どもたちは気の合う限られた集団の中でのみコミュニケーションをとる傾向が見られる」「相互理解の能力が低下している」「自分の思いを一方的に伝えているにすぎない」「同意や反対の意思を伝えるだけで対話になっていない」などがあげられています[3]。加えて，「子どもたちが自ら仲間やコミュニティを形成する機会が不足しており，等質的なグループや人間関係の中でしか行動できず，異質な人々によるグループ等で課題を解決することが苦手で，回避する傾向にある[3]」などといった問題点も指摘されています。

　つまり，「**開かれた個**」の育成が大きな目標にされているのですが，現

状の児童生徒の実態は，逆に「**閉じた個**」の形成に向かっている様相が考えられます。その打開策の大きな一つが，授業における児童生徒のアクティブラーニングとなるのですが，現実とのギャップが大きいのです。

この目標を目指して実践するためには，水面下での「教員による学級集団づくり」において，かなりの対応が求められると思います。しかし，「アクティブラーニング」の"授業方法"についてはいろいろと説明されているのですが，この"**水面下で求められる教員による学級集団づくりのあり方**"については，情報が少ないのが現状です。

〈2〉「従来よりも一段高いレベルの学級集団の状態や質が求められる」ことが，現場の教員たちに理解されていない

児童生徒の学習がアクティブラーニングとなるためには，従来の"児童生徒が親和的でまとまっているレベル"の学級集団の状態では不十分です。学級内の児童生徒たちが，"**普遍化信頼**"を持ち，よりフラットに，フランクに交流できている状態が求められます。「いつもの仲のよいメンバーとグループを組んで，楽しくグループ学習をする」というレベルでは不足なのです。

実は最近，企業においても，この問題は重視されていて，プロジェクトチームのあり方など，様々な取り組みを行ってかなり力を入れていますが，学校現場では，この点の情報が少なすぎます。

〈1〉で述べたこととも関連して，「学級集団づくりが難しくなった」といわれている昨今の学校現場の現状，かつ，学級集団づくりについての一定のパラダイム（見方・考え方）が確立されているとはいえない状況で，児童生徒の学習が"アクティブラーニング"となるような学級集団を，どのように形成していくのか。このことについての情報も不足しています。

特に小・中学校では，「従来から，"説明型だけの授業"をしている割合は大学と比べてかなり少なく，授業にグループ学習や様々な活動を取り入れて展開している。これから改定されていく内容は，果たして従来のものとは何が違うのか」という，現場サイドの疑問の声があると聞きます。

そうした状況を見ると，"アクティブラーニング"を「本質的に理解す

る」ための情報も不足しているのではないでしょうか。

　以上のような問題意識を持ち，では〈1〉〈2〉といったことに対して，実際に児童生徒の学習がアクティブラーニングとなるような授業，そして，それを支える水面下の教員による学級集団づくりの対応を，どのようにしていけばよいのか。その指針となる知見を整理することが，本書執筆のスタート地点です。

2　本書の「アクティブラーニング」に対する考え方

　溝上[4]は，アクティブラーニングは「学生の学習（learning）の一形態を表す概念」であり，教員の教授（teaching）や授業・コースデザインまでを包括的に表す教授学習（teaching and learning）の概念ではないとしています。そして，アクティブラーニングを取り入れた授業である場合，それを教授学習の概念として，「アクティブラーニング型授業（active-learning-based instruction）」と呼び，学習概念としてのアクティブラーニングとは区別することを指摘しています。本書もこの立場をとって，授業の中に一部分としてアクティブラーニングを取り入れた授業を，「アクティブラーニング型授業」と呼ぶことにします。

　また，以下の点も押さえておきたい点です。

　最終的に，学習者の「**知識の習得＋汎用的能力の獲得**」を最大化することが目的ですので，すべての授業をアクティブラーニングにしなければならないということではありません。また，「説明型の授業か，アクティブラーニングか」といったように，この二つを対立的に捉える必要もありません。あくまで，学習内容と児童生徒と学級集団の状態に応じて，説明型の授業とアクティブラーニングとを適切に配分したアクティブラーニング型授業を目指すことが大事であると考えます。

　さらに，「説明中心でいく方が効果的な学習内容か，それとも，活動中心の方が効果的な学習内容なのか」を考えてみることも不可欠です。

「教えるべきことは何か」「学習者たちが協力し合いながら活動するのはどこか」といったように，まずは，それぞれの学習事項を整理し，単元の大枠を押さえます。その上で，知識伝達型スタイルの授業，アクティブな学びを取り入れたスタイルの授業など，様々な学習形態の特徴を考え，それらを組み合わせながら学習計画を立てていくことが必要だと思います。

ただし，どの形態の授業を行うにせよ，学習者の「**汎用的能力の獲得**」の視点を確実に取り入れた学習計画を立てていきます。

3 学びへのアプローチの深さと「授業改善」の必要性

さきにもあげましたが，「従来から授業にグループ学習を取り入れているのだから，アクティブラーニングといっても，何も変えなくてもいいではないか」という考えには反対です。それは，求められるグループ学習の内容と質が，従来とは異なるからです。

ビッグス[5]は，学習者が学習に向かう特性を，"志向"ではなく"アプローチ"として捉え，「深いアプローチ」「浅いアプローチ」「達成アプローチ」の3下位尺度からなる学習プロセス尺度（SPQ：study processes questionnaire）を作成しました。

これはその後，エントウィッスルら[6]によって，情報処理理論に基づいた，比較的安定的な「**深い学習アプローチ**」「**浅い学習アプローチ**」と，状況によって変化する「**方略的なアプローチ**」という3つのアプローチを基にした「学習へのアプローチ」研究（SAL：students approaches to learning）として理解されています（これらの研究は，マルトンら[7]やエントウィッスルら[8][9][10][11]によって提唱された「学習への深いアプローチ（deep approach to learning）」と「学習への浅いアプローチ（surface approach to learning）」の一連の研究が基盤になっています）。

上記の中で，エントウィッスルら[12]は，ある文章を読む課題を与えられた場合などに，「**学習への深いアプローチ**」をとる学習者は「著者は何を意図しているのか」「要点はどのようなものなのか」「どのように結論が導

表 序-1　学習への深いアプローチと浅いアプローチ

学習への深いアプローチ	学習への浅いアプローチ
1　記憶する	1　記憶する
2　認める・名前をあげる	2　認める・名前をあげる
3　文章を理解する	3　文章を理解する
4　言い換える	4　言い換える
5　記述する	5　記述する
6　中心となる考えを理解する	6　中心となる考えを理解する
7　関連づける	
8　論じる	
9　説明する	
10　身近な問題に適用する	
11　原理と関連づける	
12　仮説を立てる	
13　離れた問題に適用する	
14　振り返る	

かれているのか」など，課題全体の意味を求めての学習がなされている。一方，「**学習への浅いアプローチ**」をとる学習者は，「個別の用語や事実」だけに着目して，課題にしっかりコミットすることなく課題を仕上げようとする学習をしていたことを指摘しています。そして，その差異は，「**学習者の学習に対する意図**（intention）」が異なることから来ると指摘しています。

さらに，ビッグスら[13]は，「学習への深いアプローチ」と「学習への浅いアプローチ」の特徴を，表 序-1 のようにまとめています。

この分類からすると，「学習への浅いアプローチ」をとる学習者は，与えられた知識の理解と記憶にとどまっています。一方，「学習への深いアプローチ」をとる学習者は，知識の理解と記憶にとどまるのではなく，知識を活用し，他者と相互作用し，社会で活用できるように努めています。

これを，学習指導要領にあてはめてみると，「学習への浅いアプロー

チ」をとる学習者は，従来の学習目標の範疇であるのに比べ，「学習への深いアプローチ」をとる学習者は，これからの学習活動で求められる学習目標の達成を目指しているといえます。

　なお，ビッグス[14]は，「学習への深いアプローチ／浅いアプローチ」は教授学習状況に依存するので，それを学習者個人の学習スタイルと混同してはならないことを指摘しています。つまり，教員の授業の展開次第で，学習者たちは深いアプローチをとる場合もあるし，浅いアプローチに終始してしまう場合もあるということです。よって，学習者が深いアプローチをとるような授業を教員側が提供していくことが重要だといえます。

　深いアプローチは浅いアプローチを内包し，さらに，知識を社会で活用できるように，知識の活用，他者と相互作用の学習場面があります。

　この知見は，小・中・高等学校の授業にも，当てはめることができます。授業改善をするには，小さな活動でもいいので，授業の中に，深いアプローチとなるアクティブラーニングを取り込んでいくことが，その第一歩になります。学習する目標が，「知識を習得する」ことから，それを特定の文脈の中で「活用できる力」，つまり，「汎用的能力（キー・コンピテンシー）」の獲得が大きな目標になってくるからです。この点について，教員は大きな意識改革が求められるといえます。

4　本当の"成果"を上げる「授業改善」とは

　「アクティブラーニング」については，大学院での研究会や新商品開発を目指す企業の企画会議などでは，それと意識されなくても，すでにずっと行われてきたことだと思います。

　ただし，この専門性の高い取り組みを，そのまま小・中・高等学校の授業に形だけ移植しても（授業や活動の展開だけをアクティブラーニングのようにしても），木に竹を接いだようになり，成果は期待するようには上がりません。やはり，アクティブラーニングに見合った，次の要素が不可欠です。

(1) そのレベルの学力・思考力や,協同意識とソーシャルスキルを有したメンバー
(2) (1)のようなメンバーで構成された,フラットで柔軟で活発な交流のある「学習集団」(日本では「学級集団」)の状態
(3) メンバーの自由な思考活動と相互作用をさりげなくリードできる,自律性支援的なリーダーの対応

　これら3つの要素の確立が基盤となって,アクティブラーニングは,学習集団にメンバーの総和を超えた成果をもたらし,個々のメンバーは,一定の知識のみならず,汎用的能力(キー・コンピテンシー)を,自ら獲得できるのです。
　ただし,従来の教員による説明型の授業と比べると,アクティブラーニング型授業で求める成果を上げるためには,授業だけではなく,**学級集団づくり**と**自律性支援的な教員の指導行動**とセットで取り組まれなければならず,かなり高度な教育実践になります。授業の形だけアクティブラーニングを模することは,授業方法を身につけるだけでできるかもしれませんが,学習者に一定の成果を担保するとなると,上記の2つの要素とセットで取り組まなくてはならないのです。
　そして,このアクティブラーニング型授業を目指す取り組みは,多くの教員(特に中堅・ベテラン教員)にとって,学級集団づくりと,指導行動のあり方において,パラダイム転換が求められます。
　そこで求められる学級集団の状態は,「穏やかで安定した学級」「リーダー的な児童生徒を中心に団結した学級」の状態では不十分で,自律性と普遍的信頼感,そして共有された学級目標のもとに,学級内の児童生徒たちがフランクにフラットに関われている状態の学級集団が望ましいといえます。
　教員の指導行動も,児童生徒に対して「自らが自らをリードしていくようにリードしていく」という,マンツら[15]が指摘する,任せた人を微妙にリードする「スーパー・リーダー」(メタ・リーダーとも呼びます)の役

割が期待されます。

　そのため，**"学級集団づくり"**と，**"指導行動のあり方"**について，意識改革が必要です。

　なお，アクティブラーニングに類することに関しては，アメリカではすでに1980年代から研究と実践が数多く行われ，一定の知見が確認されています。

　本書では，それらの知見（心理学関係だけではなく，一部産業界も含めて）の中から，日本の学校教育に関連する内容を取り上げ，特に，児童生徒たちの相互作用の土壌となる学級集団を中心に，整理を試みました。アクティブラーニングの成果を支える，前述の(1)(2)(3)の3つの要素（p.8）がどのようなものなのかの解説だけではなく，「自ら学ぶ力」や「協同する」などの内容を，理念にとどめず，具体的な教育実践につながるよう，代表的な学習法を取り上げ，学級集団づくりでは，段階ごとの指針を解説していきます。また，児童生徒や学級集団の状態に応じて，段階的に取り組む指針を提起しています。

　昨今の「学級集団」「学級集団づくり」に関する実践や研究は，在籍する児童生徒の適応やスクールモラールを中心とした，主に教育相談や生徒指導，特別活動と関連づけられて扱われてきました。しかし，大きな教育政策の転換期を迎えている現在，児童生徒の学習面にも，実践共同体としての学級集団が大きな意味を持っていることを強く意識して，実践や研究をしていくことが求められてきています。

　本書が，「学級集団」「学級集団づくり」に関する実践や研究に関心のある方々の参考になりましたら幸いです。

【文　献】
1) 中央教育審議会（2012）．新たな未来を築くための大学教育の質的転換に向けて〜生涯学び続け，主体的に考える力を育成する大学へ〜（答申）．
2) 文部科学省（2012）．新学習指導要領の基本的な考え方．http://www.mext.go.jp/a_menu/shotou/new-cs/idea/index.htm（2012年8月24日取得）
3) 文部科学省（2011）．子どもたちのコミュニケーション能力を育むために〜「話し合う・創る・表現する」ワークショップへの取組〜（審議経過報告）

4) 溝上慎一（2014）. アクティブラーニングと教授学習パラダイムの転換. 東信堂.
5) Biggs, J. B.（1987）. *Students approaches to learning and studying*. Melbourne, Australia : Australian Council for Educational Research.
6) Entwistle, N. J., & McCune, V.（2004）. The conceptual bases of study strategy inventories. *Educational Psychology Review*, 16, 325–345.
7) Marton, F., & Säljö, R.（1976）. On qualitative differences in learning. I : Outcome and process. *British Journal of Educational Psychology*, 46, 4–11.
8) Entwistle, N. J.（1997）. Metacognitive and strategic awareness of learning processes, and understanding. In *Paper presented at the 7th EARLI conference*. Athens, Greece.
9) Entwistle, N. J., Hanley, M., & Hounsell, D. J.（1979）. Identifying distinctive approaches to studying. *Higher Education*, 8, 365–380.
10) Entwistle, N. J., & Ramsden, P.（1983）. *Understanding student learning*. London : Croom Helm.
11) Entwistle, N. J., Thompson, J. B., & Wilson, J. D.（1974）. Motivation and study habits. *Higher Education*, 3, 379–396.
12) Entwistle, N. J., McCune, V., & Walker, P.（2010）. Conceptions, styles, and approaches within higher education : Analytic abstractions and everyday experience. In R. J. Sternberg & L. F. Zhang（Eds.）, *Perspectives on thinking, learning, and cognitive styles*. New York : Routledge, pp. 103–136.
13) Biggs, J., & Tang, C.（2011）. *Teaching for quality learning at university*. 4th ed. Berkshire, England : The Society for Reserch into Higher Education & Open University Press.
14) Biggs, J. B., & Tang, C.（2003）. *Teaching for quality learning at university*. 2nd ed. Berkshire, England : The Society for Research into Higher Education & Open University Press.
15) Manz, C. C., & Sims, H. P. Jr.（1986）. Leading self-managed groups : A conceptual analysis of a paradox. *Economic and Industrial Democracy*, 7, 141–165.

第1章
アクティブラーニングが求められる学習活動とは

1 「アクティブラーニングを取り入れた授業」の意味

　まず最初に,授業に,児童生徒のアクティブラーニングが求められてきた背景と考え方についての概略を整理したいと思います。

〔1〕アクティブラーニングが求められてきた社会的背景

　日本の学校教育では,従来から「**生きる力**」の育成が,教育目標として掲げられてきました。
　このような中,世界的なインターネットの普及とともに,情報,知識,技術が,パーソナルに世界に流通展開する高度情報化社会が一気に進んだ現在の社会は,従来の「近代工業化社会」から「知識基盤社会」に移行したという認識がなされてきました。
　「**知識基盤社会**」とは,「新しい知識・情報・技術が政治・経済・文化をはじめ社会のあらゆる領域での活動の基盤として飛躍的に重要性を増す社会」である[1],と定義されています。そして,このような社会では,国際交流が進み(英語などの第二言語ができることへのニーズが高まる),技術革新が日進月歩で起こるため,幅広い知識と柔軟な思考力に基づく判断が一層重要になります。少し前まで常識と考えられてきた物の見方や捉え方(パラダイム)が,大きく転換することも珍しくありません。情報や知

識はどんどん更新されていきます。したがって，その変化に対して自らも知識や技術を新たに更新していかなければならず，新たな状況に応じた最適解を，自ら考えて見出したり，他者と協同して生み出していかなければ，社会から取り残されてしまうのです[1]。

このような知識基盤社会で必要な「生きる力」は，まさに，「生涯にわたって学び続ける力」「主体的に考える力」になります[1]。かつて学校現場で「自己学習力」や「自己教育力」と呼ばれた，学習意欲に支えられた「自ら学ぶ力」です。そしてこれからは，与えられた学習内容に対してではなく，自分に足りない面を自己判断して，必要な資質・能力を主体的に獲得していこうとする「自ら学ぶ力」となります。

さらに，"知っている"というレベルの知識の量よりも，問題解決につながる能力が，切に求められてきています。「**問題解決につながる能力**」とは，問題場面で活用できる思考力・判断力・表現力などの「認知的スキル」から，取り組む際の意欲を喚起・維持することや，対人関係を調整して協同することができるなどの「社会的スキル」まで含まれます。この問題解決につながる能力は，領域を越えて機能して活用する用途が広い，汎用性の高い「資質・能力（コンピテンシー：competency）」です[1]。

そして，人間の全体的な能力，特に成果を生む行動特性をコンピテンシーとして整理し，その核になると考えられるものが，**汎用的能力（キー・コンピテンシー：key competency）** です[1]。

これは，先進工業諸国の国内的・対外的な経済政策を調整するための国際機関であるOECD（経済協力開発機構）のDeSeCo（Definition and Selection of Competencies：コンピテンシーの定義と選択）プロジェクトで提案された能力観で，グローバル社会で必要となる人的資本を客観的に評価する指標です。大きく「相互作用的に道具を用いる」「異質な集団で交流する」「自律的に活動する」の3つの領域から構成されています。世界各国で，今日的に育成すべき人間像をめぐって，「キー・コンピテンシー」の概念が取り入れられ，それぞれ独自に定義して，国内の教育政策を推進する枠組みとしています。

我が国では，国立教育政策研究所の「教育課程編成に関する基礎的研究

第1章 アクティブラーニングが求められる学習活動とは

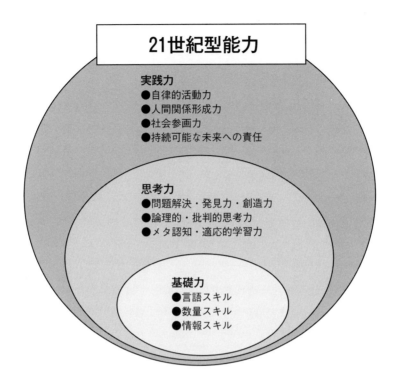

図1-1 我が国の汎用的能力（キー・コンピテンシー）の考え方

報告書5 社会の変化に対応する資質や能力を育成する教育課程編成の基本原理[2)]」の「21世紀型能力」（図1-1）があります。ここに，我が国の汎用的能力（キー・コンピテンシー）の考え方がわかります。
　これを見ると，「生きる力」としての知・徳・体を構成する様々な資質・能力から，特に教科・領域横断的に学習することが求められる能力を汎用的能力として抽出し，それらを「基礎」「思考」「実践」の観点で再構成したものが「21世紀型能力」です。それをすべての教科等に共通する汎用的能力として明確に示すことで，「世の中について何を知っているか」から「世の中に対して何ができるか」へと教育のあり方を転換し，教育の内容，方法，評価の改善を促すことを目指しています。
　以下，国立教育政策研究所の報告書5[2)]から，そのポイントを引用して

整理します。

　第一に，21世紀型能力として，「一人ひとりが自ら学び判断し自分の考えを持って，他者と話し合い，考えを比較吟味して統合し，よりよい解や新しい知識をつくり出し，さらに次の問いを見つける力」としての「**思考力**」が中核に位置づけられています。ここがまずポイントです。

　そして，思考力の使い方を方向づける「**実践力**」が，その外郭に位置づけられています。「実践力」とは，「日常生活や社会，環境の中に問題を見つけ出し，自分の知識を総動員して，自分やコミュニティ，社会にとって価値のある解を導くことができる力，さらに解を社会に発信し協調的に吟味することを通して他者や社会の重要性を感得できる力」のことです。そこには，自分の行動を調整し，生き方を主体的に選択できる「キャリア設計力」「他者と効果的なコミュニケーションをとる力」「協力して社会づくりに参画する力」「倫理や市民的責任を自覚して行動する力」などが含まれます。つまり，社会で生かすことのできる「思考力」であることが，強く求められています。

　そして，社会で生かすことのできる思考力を支えるのが「**基礎力**」です。「基礎力」とは「言語，数，情報（ICT）を目的に応じて道具として使いこなすスキル」です。技術革新を背景にICT化が著しく進む今日において，社会に効果的に参加するためには，読み書き計算などの基礎的な知識・技能とともに，情報のスキルが不可欠である，とされています。「ICTの活用」が，言語，数と同列にされ，21世紀型の知識基盤社会で必要な「生きる力」の「基礎力」となる，と明確にされている点が大事です。積極的に，授業にICTを活用していくことが求められているといえます。

〔2〕授業にアクティブラーニングが求められる理由

　ここまで述べてきたように，知識基盤社会に生きる人間に必要な能力として，**汎用的能力（キー・コンピテンシー）**の育成が大きくクローズアップされてきました。「主体的に考える力」も，汎用的能力に含まれると考えられます。

第1章 アクティブラーニングが求められる学習活動とは

　汎用的能力育成の考え方への移行は加速し，中央教育審議会[3]は，「生涯にわたって学び続ける力，主体的に考える力を持った人材は，学生からみて受動的な教育の場では育成することができない。従来のような知識の伝達・注入を中心とした授業から，教員と学生が意思疎通を図りつつ，一緒になって切磋琢磨し，相互に刺激を与えながら知的に成長する場をつくり，学生が主体的に問題を発見し解を見出していく能動的学修（アクティブ・ラーニング）への転換が必要である」との答申を出し，大学の学部教育の今後のあり方を示しました。

　なお，「アクティブラーニング」は包括的な用語であり，どの専門分野の専門家・実践家にも納得してもらえるような定義をすることは不可能である[4][5][6]（領域によって，その定義は微妙に異なる）ことを前提にして，溝上[5]は，「一方向的な知識伝達型講義を聴くという（受動型）学習を乗り越える意味での，あらゆる能動的な学習のこと。能動的な学習には，書く・話す・発表するなどの活動への関与と，そこから生じる認知プロセスの外化を伴う」ものと定義しています。

　「関与」とは，物事に関わることであり，学習者が自ら能動的に学習過程に関与することが求められます。そのためには，やはり動機づけが大事であり，期待（この課題が自分にやれそうか）と価値（この課題はやる価値があるか）の両方が満たされることが必要です。そして，学習活動の質（学習活動の内容，学習者同士の関わり方，学習環境など）も影響を与えます。

　「外化」とは，自らの考えやアイデアを発話，文章，図式化，ジェスチャーなどの方法で外に可視化させることです。一つの考えが可視化されると，理解の不十分さ，その考えと他の考えとのつながりなどを，他のメンバーと発見したりでき，操作の対象とすることができます[5]。

　授業を通しての学習目標が以前のものから変わり，知識習得以上の，活動や認知プロセスの「外化」を伴う学習を目指し，そのような学習を通して身につける技能や態度（汎用的能力）が社会に出てから有用である，という考えに基づいて推進されているので，授業に，児童生徒のアクティブラーニングを取り入れることが求められるのです。

15

そして，平成23年度（中学校は24年度，高等学校は25年度）から全面的に実施された新学習指導要領[7]では，"自ら考え，判断し，表現する力の育成"や"学習に取り組む意欲を養うこと"が，教育理念として明記されました。アクティブラーニングの考え方が小・中・高等学校でも，学習者主体の授業の展開として求められてきたのです。
　さらに，中央教育審議会の教育課程企画特別部会の「論点整理[8]」では，アクティブラーニングは「課題の発見・解決に向けた主体的・協働的な学び」とされ，次期学習指導要領のキーワードとなります。
　これにより，学校現場では次のような授業改善が求められてきます。

　教員が一方的に学習内容の説明をし，学習者はそれを聴き理解し記憶するという知識伝達型スタイルの授業
　　　　　　　　　　　　↓
　学習者の主体的な参加を促し，協同活動の中で学習者の思考を活性化させていくような，よりアクティブな学びを取り入れたスタイルの授業
　※「アクティブな学び」として，グループ・ディスカッション，ディ
　　ベート，グループ・ワークなどを取り入れる必要性がある

　すなわち，授業の考え方そのものが，**「教える」から「学ぶ」へ**，パラダイム転換[9]が必要になってきます。そして，求められる「学ぶ」ことも，アクティブラーニングの場合，**学習者が自律的に他者と関わり合いながら自由度の高い試行錯誤をして，自ら学習内容と学習方法を学びとっていく**，という点に特徴があります。
　従来の授業の展開と比べて，その構成と展開が大きく変わるだけではなく，学習者にとって，とても高いレベルの学習が求められているのです。それは同時に，教員にとっても，「主体的に学習する者の自主性を尊重しながら学習を深めていくことを支援する」という，かなり高度な教授行動が求められます。

2 これからの学習指導要領で変わってくること

　現在から次期学習指導要領に続く流れは，大きな教育政策の転換であることを，学校教育に関わる人たちは強く認識しなければなりません。

〔1〕教育政策の転換のポイント

　次の2点は，確実に押さえなくてはならないポイントです。

〈1〉従来の授業で求められていた内容が拡大する

　従来，日本の教育課程政策では「何を教えるか」という学習内容は，明示されていました。

　学習「内容（コンテンツ：contents）」，すなわち，領域固有知識を中心に，カリキュラムは構成されていました（コンテンツ・ベイス）。昭和33年版の学習指導要領で，教科等の枠組みと各教科内部の構造が整理されて以降から，それは鮮明になっています。そして，「どのように教えるか」ということは現場に任せられていました。

　それが現行の学習指導要領では，"自ら考え，判断し，表現する力の育成"や"学習に取り組む意欲を養うこと"が教育理念として明記されました。さらに，次期学習指導要領では，汎用的能力（キー・コンピテンシー）の育成が強調される中で，その方法論としてアクティブラーニングを取り入れた授業のあり方が明確に打ち出され，学習者が学習の方法を学ぶことの必要性が強調されています。

　つまり，授業で求められる内容が，**「知識の習得⇒知識の習得＋汎用的能力の獲得」**と拡大したのです。

　そこでは，必然的に，コンテンツ・ベイスのカリキュラムではなく，コンピテンシー・ベイスのカリキュラムの中の授業が求められてきます。しかし，現行の学習指導要領はそこまでは改革されていません。

〈2〉授業の展開を，学習者の主体的な学びを協同活動で獲得できるように構成する

「知識の習得＋汎用的能力の獲得」を，学習者の主体性により委ね，かつ，他者との協同（協働）活動を通して身につけることが求められています。

教員が学習内容を整理し，順序立てて説明したものを理解し記憶させるのではなく，学習者に自分なりの解決を試みるため自由度の高い思考に基づく試行錯誤を，他者との協同（協働）活動を通して，実施することが求められているのです。それは，「汎用的で問題解決に活用される能力」の獲得は，単なる学習内容（コンテンツ）・知識の記憶だけでは不十分で，問題が生起している文脈の中で，様々な条件を押さえた上で，条件も併せて記憶され，さらに様々な状況の中で，それらを実地に活用する経験を積ませて初めて獲得されるものであるからです。

また，それにより，「シナジー（相乗）効果（synergy effect）」を生み出し，そこから個々の学習者が自分一人では獲得できないレベルの「一定の知識＋汎用的能力」を自ら獲得することが求められています。シナジー効果とは，学習者が各自で課題遂行に携わるよりも，メンバーが協同して取り組むことで相互作用を発生させ，より大きな効果を生み出すことを意味します。単なるメンバー個々の知識や学習する方法の総和ではなく，メンバー間の相互作用から総和を超えるものが生み出されることを目指しているというわけです[10]。

この考え方は，ヴィゴツキー[10]の「**発達の最近接領域**（ZPD: zone of proximal development）」の理論の影響を受けています。「発達の最近接領域」とは，「一人で問題解決が可能な現在の発達レベル」と，「一人では解決できないが援助を得ることによって達成可能な発達レベル」の間の領域を意味しています。ヴィゴツキーは，学習者が現在一人でできる「現下の発達水準」だけではなく，他人との協同の中で問題を解く場合に到達する水準「明日の発達水準」を見るべきことを主張し，「現下の発達水準―最近接領域―明日の発達水準」という構造を示しました。

そして，**最近接領域**にある課題こそが協同学習の課題となるべきものであり，「今日，子どもたちが協同でできることは，明日，彼らは一人でで

きるようになる」と主張しました。「協同学習」は，このヴィゴツキーの「発達の最近接領域の理論」の影響を受けています。

以上を整理すると，p. 17 の〈1〉，p. 18 の〈2〉を通して，学習者には，次のことが求められているといえます。

> 「アクティブな学びを取り入れた授業を通して，【一定の知識 ∪ 汎用的能力（㋐自ら学習する能力 ∪ ㋑協同の意識・行動様式）】を，㋒自ら獲得する」
> 〔※∪…和集合〕

「生きる力」や「自ら学ぶ力」などの理念的な教育目標を，教育実践として確実に取り組んでいくためには，上記の下線の部分をしっかり理解することが大事です。

「『㋐自ら学習する能力』とはどのようなものか」

「『㋑協同の意識・行動様式』を身につけさせるには，どのような学習方法が求められるのか」

「教員が教え込むのではなくて，児童生徒が『㋒自ら獲得できるようにする』には，どのような指導法が求められるのか」
の理解が必要となるのです。

なお，㋐の参考になるのが「**自己調整学習**」です。

また，㋑の参考になるのが「**協同学習**」です。

さらに，㋒のようになるには，**学習者自身の思考活動**とモデリングが必要で，「**実践共同体での学び**」と，教員の「**自律性支援**」の指導方法が参考になると思います。

そして，その基盤には，㋐㋑㋒が成立するような**学習集団の形成**が，学習者に求められていることの実現の前提となります。

「自己調整学習」と「協同学習」，「実践共同体での学び」の概略については，p. 22 からのページで解説していきます（また，教員の「自律性支援」の指導方法は第 4 章，㋐㋑㋒が成立するような学習集団と，その形成

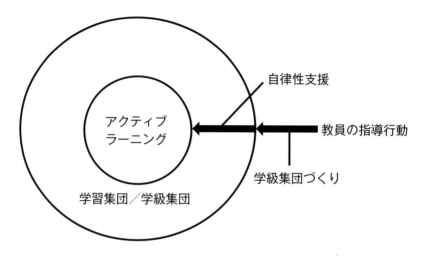

図1-2　アクティブラーニングの実質化の要素

のあり方（学級集団づくり）については，第2・3章で取り上げます）。

　なお，前述した「【一定の知識 ∪ 汎用的能力（㋐自ら学習する能力 ∪ ㋑協同の意識・行動様式）】を，㋒自ら獲得する」を図示すると図1-2のようになります。

　日本の小・中・高等学校では，学習集団はイコール学級集団になる場合がほとんどです。ですので，「今後，学級集団をどのように形成していくのか」という点は，実は，アクティブラーニングの成果を上げるための，水面下に隠れた，とても大きな要因になります。

　大事な点は，児童生徒のアクティブラーニングを支援する教員の指導行動と，学級集団づくりを展開する教員の指導行動は，一貫性がなければならないという点です。授業では意識して児童生徒の自律性支援を目指すけれども，学級集団づくりは従来と同様に教員の管理志向が残っているようでは意味がありません。授業でのアクティブラーニングも，形骸化したものになってしまうでしょう。つまり，授業づくりと学級集団づくりは，同義にならなくては意味がないのです。この点が，アクティブラーニングをキーワードとした教育政策が成果を上げるための，重要なポイントになると確信します。

〔2〕学校現場におけるコンテンツとコンピテンシーの取り組み方の難しさ

　前述したように，今後は，【<u>一定の知識</u> ∪ <u>汎用的能力（<u>自ら学習する能力</u> ∪ <u>協同の意識・行動様式）</u>】を児童生徒に身につけさせることが学習の目的になってきますが，現行の学習指導要領では，一定の知識（コンテンツ）の育成と汎用的能力（キー・コンピテンシー）の育成に関する，実際の学校現場での取り組み方が難しいところです。取り組み方によっては，コンテンツとコンピテンシーのどちらかが軽視されたり，コンテンツとコンピテンシーの育成がバラバラに取り組まれていくといったことも起きてしまいます。

　21世紀は，コンテンツはコンピュータが担う（一般的な知識はコンピュータに保存されている）ので，その育成の比重は大きく低下すると捉えられ，軽視される傾向になる可能性があります。「コンピュータに保存されているデータを検索する能力さえ身につければいい」という考え方です。しかし，コンピテンシーの育成には，コンテンツは不可欠です。問題解決する能力には，事象を問題と捉えるための知識，解決するために既知の知識と別の既知の知識とを組み合わせることが必要だからです。

　また，こちらの方が，より懸念されることなのですが，全国学力・学習状況調査の影響もあり，児童生徒の学習の定着の度合いについて，学校現場が過敏になっているということがあります。コンピテンシーの育成には，児童生徒間の対話や作業の時間設定は不可欠です。つまり，授業展開にかなりの時間がかかります。かつ，コンピテンシーの獲得の評価は難しいものです。全国学力・学習状況調査では，A問題とB問題が出されていますが，明確にコンテンツを評価するものがA問題，コンピテンシーだけを評価するものがB問題と分類されているわけではありません。その結果，全国学力・学習状況調査の結果を上昇させたいために，従来通りの授業展開が行われ，コンテンツを記憶させることがメインになり，コンピテンシーの育成はプラスαという扱いになってしまうのではないかと

いうことがあります。まだ，カリキュラムがコンピテンシー・ベイスになっていない現在，その体系化は急務です。

次期学習指導要領では，コンピテンシー・ベイスのカリキュラムが登場すると思います。また，それにともなって，全国学力・学習状況調査の内容も，大きく変わってくるのではないかと思います。

コンテンツとコンピテンシーの育成を独立させて考えて取り組まれては，これからの教育政策の目指すところが曖昧になってしまいます。あくまでも，両者は統合させて取り組まれなければならないものです。

なお，本書では，ひとまず，このテーマについての議論は，「懸念している」というレベルでとどめておきます。

3 自ら学習する能力とは何か

〔1〕自己調整学習

前述した「自ら学習する能力」とは，心理学では「自己調整」という概念が該当します。「主体的な学び」とは，「**自己調整学習**(self-regulated learning)」のことになります。

自己調整学習がこのところ注目されているのは，自己調整学習の内容が，近年の多くの国々の教育の基本目標である「児童・生徒が，学習方略を効果的に適切にかつ自発的に用いること」と合致している[11]からであり，多くの国がその教育政策のキー・コンピテンシー（汎用的能力）としているものと合致しているからです。

では，「自己調整学習」とは，どのようなものでしょうか。

自己調整学習とは，学習者が，学習過程に，「**動機づけ**」「**学習方略**」「**メタ認知**」の考えを取り入れ，行動に積極的に関与する学習である[12][13]，と定義されています。これらの要素は，国立教育政策研究所の「21世紀型能力」の中心の「思考力」にもほぼ該当しています。したがって，汎用

的能力を身につけるということは，この3つの要素を効果的に活用できるようになることです。

「自己調整」というのは，新たな事象の発見や提案をしたというものではなく，従来からそれぞれ独立して研究され，多くの知見が蓄積されてきた「動機づけ」「学習方略」「メタ認知」の各領域を，統合して捉えた概念です。この3つの要素を身につけ，統合的に適切に活用できることが「自ら学習できる学習者」であると考えられた点が，今日的だといえます。人間の健康には「食事」「運動」「睡眠」の3つの要素のどれも必要で，その3要素を個人の体の特性に応じて，バランスよくコントロールしていくことが健康につながる，というのと同様の考え方です。どれか一つだけに取り組んでも効果は少ない，ということと同じです。

では，それら一つ一つの要素は，どういったことを指すのでしょうか。

「動機づけ（モチベーション）」とは，人に行動を起こさせ，目標に向かわせる心理的過程です[12)13)]。

課題や対象に対し，「やれそうだ」「できそうだ」という肯定的な見通しである「自己効力感（self-efficacy）」を持っていることは望ましい状態です。自己効力感は，人間が行動を引き起こす中核的な要因と考えられており，学習者が学習に取り組むにあたっては，高い自己効力感を持って取り組めるかどうか，ということが大事になります[12)13)]。

ですので，「以前やってもできなかったから，今回もどうせ無理だ」と思っている学習者，学習内容に興味が持てない学習者，教員から言われたから仕方なく取り組むしかないと思っている学習者などに，学ぶ内容に興味があるなどの内発的な動機づけができるようにしていくことが，教員にとっては目標となります。

学習者に意欲がなければ，どんな教材や課題を用意しても意味はありません。従来の学校現場では，「児童生徒はまじめに学習に取り組むのは当たり前，それができないのは児童生徒側に問題がある」という教員たちの意識があったと思いますが，そこにパラダイム転換が求められてきます。単調でワンパターンの展開では，児童生徒の学習意欲は低下して当然です。どのように児童生徒に動機づけをしていくのかは，アクティブラーニ

ング型授業を展開する上で，とても重要なポイントです。

　意外性や興味のある現実的な問題に絡ませて課題を設定する，興味のある操作活動を取り入れる，見通しを持てるような事前活動を取り入れるなど，工夫の余地はたくさんあります。また，他の児童生徒との関わりの質が学習意欲を上下させる主要な要素であることは，留意が必要な視点です。

　「学習方略」とは，学習する手立て，学習方法や勉強の仕方のことで，学習を効果的に進めるための個人内の「認知過程」「学習行動」「学習環境」を自己調整すること[12]です。

　「認知過程」に関する学習方略とは，理解が進むように図表にしてまとめたり，既知の知識を関連づけたりして記憶したり考えたりする認知面と，自分のがんばりに自分なりのご褒美を用意しておき，やる気を喚起するなどの感情面があります[12]。

　「学習行動」に関する学習方略とは，音読する，繰り返し紙に書いて記憶する，友人と問題を出し合って公式の活用の仕方を身につけるなどがあります[12]。

　「学習環境」に関する学習方略とは，学習する前に机の上を整理する，課題に活用できる参考書などを事前に用意しておくなど，自ら学ぶ環境をつくることです[12]。

　自己調整学習ができる学習者は，学習内容に応じて適切な学習方略を選択したり，自分の特性にあった学習方略を選択することができます。

　一方，未熟な学習者には，大事な点とわからない点に線を引きながら読む，キーワードをメモしながら聴く，根拠となる資料を提示して話す，意欲が低下したら得意な問題から取り組むなど，基本的な学習スキルを事前に教えてあげるのも必要です。同様に，一般的な話し方や発表の仕方などのモデル（雛型）を教えてあげるのもいいと思います。

　また，他の児童生徒がどのような学習方略を活用しているのかを紹介し合う場の設定も求められます。

　こうした取り組みが，他の児童生徒がどのような考え方を持っているのかと同時に，どのような学習方略を活用しているのかを意識することにつながり，自分の学習方略の選択の指針になっていくのです。

「**メタ認知**」とは，自分の考えていることや行動していることそのものを対象として，客観的に把握し認識することです[12)13)]。

　自分が何かを覚えたり考えたりしていること（認知）を，自ら自覚し第三者の視点で俯瞰して捉えるための知識と，その知識を用いて適切に調整することです。メタ認知が活用される学習場面は，「学習計画の立案」「学習活動の遂行状況」「学習活動評価」の３つです。メタ認知は，知識を活用する際の，基盤となる能力です[12)13)]。

　未熟な学習者は，新たな課題に既有の知識のどれが役に立つのかの見通しが持てず，学習に取り組む際，事前に学習計画を立てなかったり，自分の能力にマッチしていない高いレベルの計画を立てたりしがちです。さらに，どのように知識や技能を活用すれば効果的かが意識できず，途中で達成できずに学習意欲をなくす場合が多いものです。事前に，見通しの持ち方，学習計画の立て方，知識の活用の仕方についても，教えてあげて，サポートしてあげることも必要です。

　また，一般的な学習活動の全体的な流れを，事前に教えてあげることも必要です。自分の考えや行動をチェックする視点を持たせるためです。

　同様に，達成度を判断する基準として，ルーブリックを用いて，あらかじめ「評価軸」を示してあげることも必要です。ルーブリックとは，レベルの目安を数段階に分けて記述して，達成度を判断する評価基準を示すもので，絶対評価を行うための物差しのようなものです。各学校の様々な学習活動のルーブリックがインターネットに掲載されていますから，検索されて指針にするといいでしょう。

　メタ認知は，大人でもその能力が育成されていない方は少なくありません。その結果，独りよがりに陥ってしまったりもします。ですので，学習グループのメンバーたちと学習活動を振り返る際に，相互評価する場面を取り入れて，活動の評価の仕方や評価するポイントなどが身につくように，繰り返し育成していくことが求められます。

　自己調整学習の「動機づけ」「学習方略」「メタ認知」の３つの要素は図1-3（p.26）のように整理されます[12)13)]。

　「動機づけ」「学習方略」「メタ認知」は相互に影響を与え合っていま

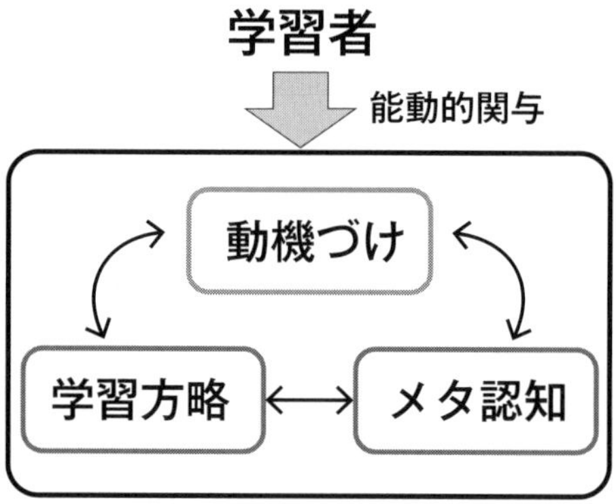

図 1-3　自己調整学習の「動機づけ」「学習方略」「メタ認知」の 3 つの要素

す。どれか一つでも機能しないと，他の要素もマイナスの影響を受けてしまいます。例えば，望ましい「動機づけ」がなされていないと適切な「学習方略」を選択しようとせず，自分の学習活動に「メタ認知」の機能を適切に活用していないと不適切な「学習方略」をとるようになり，その結果，「動機づけ」も不適切なものになる，という具合です。

　自己調整学習に関する研究は，多くの研究者たちによって，それぞれの関心のもとに，幅広く取り組まれてきました。それが，1980 年代からいくつかの要素が統合された研究がなされるようになってきました。その中心的研究者の一人がジマーマンです。ジマーマンの研究は，日本の学校教育に取り入れやすいので，ここで紹介したいと思います。

　まず，ジマーマン[14)15)]の「**社会的認知モデル**（social cognitive model）」は，バンデューラ[16)]の「**社会的認知理論**（social cognitive theory）」に基づいています。

　バンデューラの社会的認知理論では，「人間が行動を引き起こす中核的な要因」として，"自己効力感"と"モデリング"を想定しています。モデリングによる観察学習とは，観察者が，モデルを見る前にはできなかった行動を，モデルがやってみせるときに生じさせることです[16)]。

　そして，ジマーマンの社会的認知モデルは，「自己調整能力の発達」との関連で，バンデューラの指摘した"モデリング"を理論化したもので

す。学習を自己調整する力は，他者の学習行動を観察するモデリングによって発達していくとの考えです[14)15)]（詳細は，第4章のp.117を参照してください）。

同時に，学習者が「自律的に自己調整すること」が大事となります。「自律的になる」とは，学習者の動機づけが自己決定性を増していくことです。デシら[17)18)]は，「学習に対する肯定的な価値観を内在化して，自律的に動機づけられるようになっていく過程」として，自己調整学習の発達を捉えることができるとしています。つまり，「親や先生が言うから」「だれかが言うので仕方なく」など，指示や強制という外からの働きかけに基づく外発的で他律的な動機ではなく，「新しいことを知りたいから」「興味があるから」など，学習内容への興味や関心に基づく**内発的で自律的な動機**を持てるようになることが，自己調整学習の発達と考えるのです。これが，デシら[19)]が提唱した**自己決定理論**（self-determination theory）です。外的な価値や調整を"内在化"していくプロセスです。

内発的動機づけ（intrinsic motivation）は，活動それ自体を目的として，興味や楽しさなどのポジティブな感情から動機づけられている状態であり，行動の開始，維持において外的要因を必要としないという点で，完全な自律的な動機づけと考えられています。自己調整学習の発達としては，最終的な目標となるものです。

〔2〕自己調整学習の循環的段階モデル

自己調整学習は，「予見」―「遂行」―「自己省察」の3段階の循環的な個人的フィードバック・ループがあります[20)]。この3段階は相互作用をします。授業や学習活動の展開の骨格として，押さえておくことが必要です。

①授業や学習活動前の準備段階＝予見の段階
学習者が，学習することに対して自己効力感や課題への興味が喚起されていることが大切で，その上で，学習目標を設定し学習方略の計画を立てる段階です[20)]。

②**学習活動の段階＝遂行の段階**

　学習活動の過程であり，学習方略が活用され，学習活動に主体的に取り組まれる段階です。また，学習活動が適切に遂行されているかどうかを確認したりといった調整作業も行われる段階でもあります[20]。

③**学習活動後の振り返りの段階＝省察の段階**

　省察とは振り返りのことで，「**自己省察**」は学習活動後に，自らの取り組みに対して自己評価的に検討する段階です。学習活動の成果が当初に設定した自己目標の観点に照らして，あるいは既成の評価基準と比較してどの程度達成したか，どの部分は達成できてどの部分は達成できなかったのか，を自己評価していきます。その際，「うまくいかないのは自分の能力がないから」と考えてしまうと，そこで学習はストップしてしまいます。ですので，学習目標の立て方や学習方略に問題を見出す（原因帰属する）ように方向づけ，それを新たな課題として再び次の学習の「予見」の段階に生かすようにしていきます。そうすれば，次回はそこを改善すればよいこととなります[20]。

　以後，「**予見—遂行—自己省察**」の3つのサイクルによって，自己調整学習は継続的に進んでいきます。主体的に学べる・汎用的能力を持つ人間とは，「予見—遂行—自己省察」の3つのサイクルに，「動機づけ」「学習

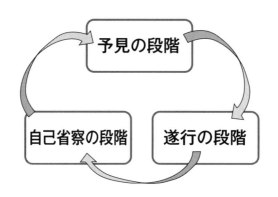

図1-4　予見—遂行—自己省察の3つのサイクル[20]

方略」「メタ認知」の３つの要素を身につけ，統合的に，また，適切かつ継続的に，活用できるようになっている人のことです（図1-4）[20]。

4 協同学習

〔1〕協同学習とは何か

アクティブラーニングは，「協同学習（cooperative learning）」の考え方が基盤になっています。

では，「協同学習」とは一体どのようなものなのでしょうか。

協同学習とは，授業の中で，小グループを利用して，学習者たちがともに活動し，自身と互いの学習を最大化させる活動[21]，協力して学び合うことで，学ぶ内容の理解・習得を目指すとともに，協同の意義に気づき，協同の技能を磨き，協同の価値を学ぶ（内化する）ことが意図される教育活動[22]のことです。

安永[23]は，協同学習の具体的なイメージとして次の点をあげています。

(1) 仲間同士が，お互いの理解状態を意識しながら，より適切なアドバイスを考え，教え合うことにより，理解が促進される。自他の学習過程を意識し，その変化を実感できる学び合いを通して，主体的かつ能動的な学びが展開する授業。
(2) すべての学習者が，共有した学習目標の達成に向け，協同の精神に則り，自分と仲間の学習過程に深く関与し，主体的かつ能動的に教え合い，学び合う授業。

したがって，「自分さえよければ」という態度は否定され，「仲間と共有している学習目標を達成するために，自分にできる貢献を積極的に行う」という態度と，それを具現化する具体的な行為が求められます。

協同学習の効果として，1つの授業科目で**認知的側面**（学習指導につながる）と**態度的側面**（生徒指導につながる）が同時に獲得できることがあげられます。これまでは，科目の学習指導は授業時間内で，それ以外の訓育的な生徒指導は授業時間外で行うものである，という認識が強かったのですが，協同学習では，学習指導と生徒指導が1つの授業の中で実現可能である[23]とされています。

　「**協同**」とは，互恵的な相互依存関係（social interdependence）[24]のことをいいます。

　「互恵的な相互依存関係」とは，簡単にいうと，その学び合うグループのメンバーが「運命共同体」の関係になることです。繁栄するときも衰亡するときも運命をともにする組織や団体に用いられる「運命共同体」です。このことによって，すべてのメンバーは共有した学習目標に向かって，各メンバーはグループの中で欠くことのできないそれぞれの役割を果たしながら，かつ，相互に他のメンバーを支える責任を持って，一緒に活動することになります。例えば，他のメンバーに「教えること」は，教える人の思考の整理や伝え方の上達にもつながること，そして，教えることができるのはその相手がいるからだということを，感情面も含めて理解していることが求められます。

　したがって，協同学習を展開する上での学習集団は，一定レベルの条件を備えている状態が前提とされている点に，特に留意しなければなりません（この点については，第2章のp.49をご参照ください）。

　このようにして，すべてのメンバーの力が合わさることで，そのグループは大きな成果を上げることができます。そして，このような協同学習の結果，シナジー効果が生まれます。

　学習指導要領[7]では，アクティブな学びとして，グループ・ディスカッション，ディベート，グループ・ワークなどが示されています。それらに関連し，学習者の「知識の習得＋学習する能力の獲得」を協同で目指す技法やモデルが，アメリカでは200以上も開発されています。協同学習の技法は，学習者相互の関与を強くするために考えられたものです。バークレーら[25]は，話し合い，教え合い，問題解決，図解，文章完成の5つのカテ

ゴリーに分け，30の技法を示しています。

〔2〕協同学習の前提となるグループの状態と質

　ただし，ここで注意が必要なのは，単にグループで活動するだけでは協同学習とはいえない点です。「協同学習」と，旧来の「グループ学習」は区別して理解されなければなりません。
　真の"協同学習"を実践するためには，グループが次の5つの基本要素を満たす必要があることを，ジョンソンら[21)26)27)]は指摘しています。

〔グループが満たす必要がある5つの基本要素〕
①**互恵的な相互依存性**
　　メンバーが「運命共同体」の関係になること。
②**対面的な相互交渉**
　　仲間同士，援助したり，励ましたり，ほめたりし合うこと。
③**個人としての責任**
　　グループメンバーは，教材について学習する，あるいは自分の個人目標に到達することに責任を持つこと。これは，"自分がやらなくても仲間がやってくれる"という「無賃乗車（free ryde）」（社会的手抜き）を防ぐためです。
④**社会的スキルや小グループ運営スキル**
　　グループメンバーが質の高い協力ができるように，やりとり（turn-taking），傾聴，自己主張，妥協，意見の対立の解決など，様々な社会的スキルを身につけていること。
⑤**集団の改善手続き**
　　協同学習グループの中でうまく課題に取り組めるような関係性を維持する，グループの成功を喜び合い，仲間の積極的な行動を引き出したりするような方法を身につけていること（学習活動後のグループでの振り返りの機会を設定する）。

この5つの要素を満たした学習集団を前提に、真の協同学習は成立します[21)26)27)]。

　教員は、協同学習を展開する前提として、前記の①〜⑤を、児童生徒たちに身につけさせなければなりません。

　ジョンソンら[21)]は、真の"協同学習"が展開される前提として、学習者個人が取り組むべきことと、チームワークのあり方、学習集団・グループの組織として達成すべき課題があるとし、そのため、アメリカの多くの大学の教員養成課程に、協同学習による指導法の講義が設けられていることを指摘しています。

　我が国でも、小・中・高等学校において、現行の学習指導要領の全面実施に伴い、協同学習に関する関心が高まり、新たな実践例も数多く報告されました[28)29)]。このような状況の中で、仲間同士が、お互いの理解状態を意識しながら、より適切なアドバイスを考え、教え合うことにより、理解が促進される協同学習の考え方が広まっています。

　安永[23)]は、「協同」の精神は、自他の学習過程を意識し、その変化を実感できる学び合いを通して、主体的かつ能動的な学びが展開する授業を目指すことで、形成されていくことを指摘しています。それは、学習仲間との交流を通して、教え合い、学び合うことの素晴らしさを実感する中で、少しずつ培われていくのです。

　長濱ら[30)]も、「協同学習をくり返し行うことで、協同の良さに対する認識が向上し、学習に対する動機づけが高まり、学業や対人関係に対する認識が改善される」と指摘しています。

　しかし、このような協同学習を日本の各学級で展開するために、水面下で、教員が学級集団づくりで行う対応のハードルは決して低くありません。

5　アクティブラーニングが活発に行われる状態の学級集団での学習とは　——実践共同体での学び——

　新しくできた学級も、2ヵ月も過ぎると一定の集団の様相を呈してきます。最低1年間、固定されたメンバーと担任教員で構成される日本の学級

集団では，集団の状態は，児童生徒たちの間の相互作用，インフォーマルな小集団の分化，児童生徒たちと教員との関係などにより，その様相が現出してきます。その様相は，大多数の学級集団に所属する児童生徒たちの，学級集団に対する，学級集団内における，感情，態度，行動傾向などから，所属する一人ひとりの児童生徒たちや外部の人間が受ける学級集団全体の雰囲気という印象で語られることもあり，一定期間，一定の様相を呈します。

このような学級全体の持つ雰囲気を「学級風土（classroom climate）」（第3章のp.80参照）と言います。一般に，組織風土とは，組織や職場の日々の行動に関して，明示的または黙示的に存在している「べし，べからず」といった規則，集団規範のことであり，所属するメンバーはその影響を受け，その集団特有の考え方や行動を意識的・無意識的に身につけるようになっていきます。授業参観などで，いくつかの学級を回って児童生徒たちの様子を見ていると，学級ごとに児童生徒の雰囲気や行動の仕方が違うのはそのためです。

つまり，児童生徒は，意識する・しないにかかわらず，所属する学級集団の学級風土に大きな影響を受けていくのです。この影響過程を学習と捉えることもできます。

学習者が，前述した「【一定の知識 ∪ 汎用的能力（<u>自ら学習する能力</u> ∪ <u>協同の意識・行動様式</u>）】を，<u>自ら獲得する</u>」にふさわしい状態の学級集団内で学習するものは，学級集団内のメンバー間の相互作用の中で自ら獲得するものであり，**実践共同体**（community of practice）の中で獲得される学習です。

レイヴら[31]によれば，「実践共同体」とは，参加者が，ある集団への具体的な参加を通して知識や技巧の習得が可能になる場のことであり，そのような参加者の社会的実践がくりひろげられる場でもあります。

実践共同体は，徒弟制に基づく伝統的な職場（建築，料理などに関する仕事など），近代社会制度としての職場や学校などでみられ，その際の学習とは，知能や技能を個人が習得することではなく，実践共同体への参加を通して得られる役割の変化や過程そのものである[31]，と考えられていま

す。

　つまり，アクティブラーニングが活発に行われる状態の日本の学級集団は，実践共同体だといえます。

　ここで，実践共同体の中で獲得される学習として，「**正統的周辺参加**（LPP：legitimate peripheral participation）」と「**認知的徒弟制**（cognitive apprenticeship）」という２つの代表的な知見があります。そして，類似概念として，「**隠れたカリキュラム**（hidden curriculum）」の考え方があります。本節ではこの３つについて解説したいと思います。

　まず，その背景にある，「状況的認知論」「社会構成主義」といった考え方について，少し説明しておきたいと思います。

　協同学習は，ヴィゴツキーの「発達の最近接領域（ZPD：zone of proximal development）」の理論の影響を受けていると前述しました（p.18）が，ZPD は，状況的認知論や社会構成主義の拠り所ともなっています。

　従来の行動主義や認知主義の心理学では，知識はそれ自体で完結した自己充足的なもので，人間の認知活動は頭の中に閉じた活動であるとされており，活動をとりまく状況からは切り離されて，論じられてきました。

　これに対し，「**状況的認知論**」では，「人間の認知活動は，状況との相互作用によって構成されている」「人間の知的行為は頭の中だけで行われているものではなく，人と人の間，および人と道具の間に分散して，個人を越えた一つのシステムとして機能している」と考えます[31]。

　つまり，状況的認知論では，「人の学びは，周囲のものや人が行動のリソース（資源＝目的を達するために役立ったり，必要となる要素のこと）になって生じ，個人の頭の中だけで起こるのではない」「学習は，個人個人の中で起きるのではなく，周囲の環境との関わりの中で起こる」と考えるのです[31]。

　一方，「**社会構成主義**」とは，「知識とは，従来考えられていたように，普遍的で客観的で，確固として動かぬものではなく，逆にそれは，歴史的に文化的に変化するものであり，それは人々の社会的相互作用を通してつくり上げられるものである[32][33][34]」とする考え方です。

　構成主義は，学習者を「主体的に関わりながら，体験や既存の知識と関

連づけながら，知識や情報を構成していく存在」と捉え，この中で知識が構成されるという立場をとります（例えば，心理学的構成主義のピアジェは，個人的な学びに焦点をあて，個人がどのように学ぶかを体系化しました）。

　これに対し，社会構成主義は，人と人との関わりの中で，それぞれの学習者が「自らの考えを持ち，それを，道具となる『言語』を用いた『対話』をし合いながら学習を進める協同的な活動を行うことによって，他者と相互作用を行い，その過程の中で知識の再構成が可能となって知識が構成されていく」と考えます[32)33)34)]。

　大雑把に言ってしまえば，構成主義は，知識は一人一人が自ら構成するものと考え，社会構成主義は，知識は社会的営みの中で構成するもの，と考えるのです。

　そして，社会構成主義は，<u>知識は状況に埋め込まれている</u>，すなわち知識や学習がそれぞれ関係的であること，意味が交渉によってつくられること，学習活動がそこに関与した人びとによって関心を持たれたものであること，といった相互構成的な考え方[31)]に基づいています。したがって，学校教育等で用いられる一般知識は，どこでも通用する一般性を担保するため，抽象的表現や脱文脈性の形で取り上げられていることを問題にしています。「いわゆる一般知識といえども，特殊な状況でしか通用しない」し，「手近な状況に特定されないかぎり意味をなさない」ものであると指摘しています。

　また，これはポラニー[35)]が指摘する「**暗黙知**（tacit knowledge）」と「**形式知**（explicit knowledge）」の概念にも通底するものです。

　暗黙知とは，「人が言葉にされていない状態で持っている，経験や勘に基づく知識」のことです。ポラニー[35)]は人が新しい技能や理論を身につけるのに際し，最もよい方法は，対象の諸細目を部分的に学んだり捉えたりすることではなく，対象の全体に内感的に「潜入する」（dwell in）ことである，としています。全体像に部分項目を加え，その部分を説明したり意味付けたりするのは，全体の意味を消滅させ，知識の全体性を破壊することになる[35)]。そうではなく，対象の全体性を捉えることが「暗黙知」で

あるとしています。

その対概念である「形式知」は，主に文章・図表・数式などによって説明や表現ができる知識，形となって表に表れているため，誰にも認識が可能で，客観的に捉えることができる知識です[35]。

例えば，同じ職種の熟練技術者は，熟練技術者同士で明示的に語られなくとも理解される"暗黙知"としての専門知識や技術を持ってはいるものの，それが形式知となっていないために，その暗黙知を共有しない他者や集団には十分に伝わらず，理解されにくいことがあります。

教員の指導力も，この範疇に含まれる面があるでしょう。「一部の男子生徒たちのダラっとした態度の裏にあるものへの気づき」「学級全体のシラッとした雰囲気の裏にある小グループ同士の軋轢の駆け引きを見抜く力」などです。

社会構成主義は，知識は社会的営みの中で構成するもの，と考えるので，学習主体の行為やそれを可能にしている知識などを直接捉えようとするのではなく，学習主体を取り巻く多様な事物の諸関係，すなわち学習の文脈を入念に記述することで学習現象を捉えていこうとします。レイヴら[31]は，このような手法として「**脱中心化方略**（decentering strategy）」を提起しています。「脱中心化方略」とは，個人的資質や個人が持っている知識に焦点を当てるのではなく，学習者を取り巻く様々な状況を丁寧に見て記述していく手法です。

ここで，「脱中心化方略」をとる学習研究には，2つのアプローチがあります[36]。

社会実践の現場全体と学習主体との関わりを記述していくものは，「**正統的周辺参加**」と呼ばれます。

一方，学習主体を様々な仕方で支援し社会に共有された様式へと方向づけていく過程は，「**認知的徒弟制**」と呼ばれています。

〔1〕正統的周辺参加

レイヴら[31]は，実践共同体において周辺性が意味するのは，共同体に

第1章 アクティブラーニングが求められる学習活動とは

よって限定された参加の場に集う人々には，いろいろな参加のあり方がある，ということを示します。

例えば，学級集団内には，リーダー的な生徒もいれば，小グループ内の低い地位にいる生徒もいますし，孤立気味の生徒もいますが，どのような存在であれ，みんな正式な学級の一員であるということです。

さらに，一般知識の伝達が主目的の学校教育とは異なり，状況の中での特殊事例に基づく活動や関わり合いが行われている実践共同体では，学習する内容は<u>状況に埋め込まれて</u>（何を学ぶかは明確になっていない）います。したがって，学習者は否応なく実践共同体に参加し，知識や技能の習得には，実践共同体で生じている営みに，十全的参加（full participation）を果たすことが必要[31]となります。十全的参加とは，言い換えれば，「強い関与」です。

正統的周辺参加とは，「社会的な実践共同体への参加の度合いを増すこと」が学習であると捉え，徐々に「周辺的」な位置から「中心的」な役割を果たすようになっていく姿を「学習」と捉え，「周辺的」な存在であってもその共同体の「正規メンバー（すなわち，正統的である）」であり，周辺部分から徐々に参加度を増していくこと，それが学習そのものであるとするものです。つまり，「新参者」（「周辺的」な存在にある者）でも，本物の実践に「正当的」に「参加」しているのです。「新参者」である学習者は，技術を含めて熟練者の振る舞い方を観察し（教えてもらうのではなくて，モデリングする），徐々にその共同体にふさわしい振る舞い方を身につけていきます。すなわち，"学習過程"は「新参者」が「古参者」（実践共同体の中で「中心的」な役割を果たしている熟練者）に移行していく過程であるとみます[31]。

これは，徒弟制に基づく伝統的職場，近代社会制度としての職場や学校などでみられ，その際の学習とは，知能や技能を個人が習得することではなく，実践共同体への参加を通して得られる役割の変化や過程そのものです[31]。したがって，レイヴらも，この正統的周辺参加論については，あくまで，学習論であって教育論ではないとし，学校教育（コンテンツ・ベイス）との距離を置いています。状況の中で学習することだけが本当の学習

になるという議論は，学校教育そのものを否定する危険性があるからです。

〔2〕認知的徒弟制

　伝統的徒弟制の特徴は，親方と弟子などの役割の上下はありますが，教える者—教えられる者の関係が未分化（親方は弟子に一つ一つ教えていくのではなく，一緒に仕事をする中で，弟子が親方のやり方や考え方をモデリングして身につけていく）であり，熟練者のものの考え方などの認知的プロセスが状況に埋め込まれた知識となっている点です[31]。

　ブラウンら[37]は，伝統的徒弟制のような実践共同体において顕著に成功している方法を取り出し，そのよさを，学校における学習指導において応用する認知的徒弟制を提案しました。熟練者の持つ状況に埋め込まれた技術や知識の学習課題を，一度文脈から取り出して可視化させ，学習者にわかりやすく加工し，学習者の内的過程を外化するように働きかけて熟練者の問題解決過程を体得していくような学習をさせるのです。このように，実践共同体に類似した方法において，本物の活動としての社会的相互作用を保障した枠組みで，学習者の知識・技能の習得を目指すのが認知的徒弟制です。

　具体的には，ブラウンら[37]は，認知的徒弟制による指導方略の要点として次の3点を導き出しています。

〔認知的徒弟制による指導方略の3つの要点〕
①**モデリング**（modeling）
　　教員や指導者が，まず子ども達に向かって本当の活動での彼らの方略の手本を見せることで学習過程を促進する。
②**コーチング**（coaching）
　　①に続き，教員が，子どもが一人で課題を遂行することを援助する。
③**フェーディング**（fading）

徐々に支援を減らしていき，最終的には，教員らはその子どもに教員らから独立してそれを遂行し続ける権限を与える。

このプロセスで，学習者に，下記のようにしていきます[37]。

(1) 学習目標について，今何を学んでおけば先に何ができるようになるかなど，学習内容についての価値づけができ，内発的な動機が高まるようにする
(2) 学習すべきことがらを学習者の既知に結びつけ，次に何をすればいいかの学習方略を学習者が選択できるようにする
(3) できるかできないかを評価するのではなく，できたらなぜそれでできるのか，それができると次はどんなことができるかの見通しを考えるような思考の習慣を持てるようにする
(4) 一人ではできないことには手助けを与え，まずできるようにしてから，その後それを一人でもできるように導くようにする

まさに，自己調整学習と類似した考え方です。

協同学習では，「認知的側面（学習指導につながる）」と「態度的側面（生徒指導につながる）」が同時に獲得できるので，学習指導と生徒指導が1つの授業の中で実現可能であるとされています。しかし，実践共同体での学びは，授業だけとは限りません。学級集団で取り組む学級活動や特別活動，係活動や学校行事の取り組み，日々の生活に至るまで，児童生徒はメンバー同士の活動体系から学習していきます。

実践共同体の学びは，**オーセンティック学習**（authentic（＝本物の）learning）」を志向します。知識の習得など，明示的な指導が真に奏功するためには，それ以前の段階においてオーセンティックな学習経験のあることが大前提になってきます[38]。現実の社会にそのままある事象や出来事，文脈，つまり，「本物の実践」に可能な限り似せた事象を学習内容として取り上げます。

オーセンティック概念に基づく授業では，現実，あるいは現実だった社

会の一部を,教員と児童生徒双方の興味にそって取り上げ,それを個々の授業ごとに教育内容として開発することを授業の一環として行います。
　そこで習得された知識や技能も本物となり,現実の問題解決に生きて働くと考えられています。そのプロセスで習得された知識や技能は,それが利用可能な文脈や出来事と併せて獲得されるからです。オーセンティックな学習は経験主義的であり,子ども中心・生活重視そのもののアプローチといえます[38]。

〔3〕学級集団に内包される隠れたカリキュラム

　学級集団の雰囲気を醸し出す学級風土を理解するものの一つに,「**隠れたカリキュラム**（hidden curriculum）」があります。「カリキュラム（curriculum）」とは,学校で教えられる教科目やその内容および時間配当などの学校の明示された教育計画を意味する用語ですが,ジャクソン[39]は,「隠れたカリキュラム」という用語を用いた最初の研究で,子どもが学校に適応するために学ばなければならない道徳的規範を指しています。今日でも,生徒たちが暗黙に,無意図的に学ぶことを求められ,結果的に生徒たちが身につける教育内容[40]と定義され,主に教員の意識的・無意識的な言動により,児童生徒へ伝わっていく知識,価値観,行動様式などのことです。
　隠れたカリキュラムは,目に見えず暗黙の了解の形で児童生徒に伝達されるものであり,児童生徒間の関係が親密であるほど,それに準拠する価値を帯びてきます[39]。
　では,隠れたカリキュラムはどのように形成されていくのでしょうか。そこには,いくつかの考え方があります。以下に主な2つの説を紹介します。
　まず,ダーレイとファツィオ[41]の教師期待過程のモデルがあります。それを整理すると,教員が児童生徒にある行動をとることを期待し,それに即した対応をします。児童生徒は自分や他の児童生徒に向けて行った教員の指導行動（ほめる・注意する・叱責するなど）や言語的,非言語的行動

（表情・語調・児童生徒がとった行動への賞罰など）をもとにして，教師期待行動の意味を解釈します。教員が期待し評価するのはどのような行動か，教員が評価せず叱責するのはどのような行動か，を理解します。つまり，それらを通して教員から「こうあるべき自己像」のメッセージを受け取り，それに合わせて児童生徒は自己の行動を変容させていきます。このプロセスを通して，隠れたカリキュラムが学級内に形成されていくと考えるものです。

次に，エリクソンの「**儀式化**」(ritualization)[42)]の考え方があります。儀式とは，定型的な儀式（rite）というよりも日常的慣習としての慣例（ritus）に近いものです。そのうえで，儀式化とは，学級内で日々行われるルーティン的な行動（朝や帰り・授業開始や終了時のあいさつ，自分の意見の発表の仕方や友人の発言の聞き方，互いの努力のねぎらいの仕方など）や，みんなからプラスの評価を受ける行動様式をみんなと一緒に実行する体験を繰り返すことを通して，それを定型化された儀式のように受け入れていくプロセスを指すものです。そして，その過程で学級内の児童生徒は，特定の集団的アイデンティティを身につけると指摘されています[42)]。従来の，児童生徒を特定の型（行動様式）にはめ込んで学級内の児童生徒に一体感を持たせて，学級集団をまとめていく教員の学級経営には，儀式化が用いられているといえます。

また，教員が学級内に「チャイム着席」をルールとして定めたのに，そのルールが順守されていない学級があります。このようなケースを隠れたカリキュラムの視点から考えてみると，「チャイム着席」というルールを定めた教員が時間通りに動いていない，ルールを守らなかった児童生徒に対して指導していない，このような状況を見ている学級の児童生徒たちは「時間は厳格に守らなくてもよいのだ」と受け取り，それがその学級の隠れたカリキュラムとなり，児童生徒たちはそれに従った行動をとるようになった，と考えられます。

これは，教員の意図とは逆のことを児童生徒が受け取っており，それがその学級の隠れたカリキュラムになってしまったという典型例です（比較例として第 2 章のルール学習（p. 62）を参照してください）。

教員は，学級集団にいじめがあったり，シラッとした雰囲気があったり，なれ合い状態になっていたりしていたら，その原因を児童生徒に求める前に，学級に定着している隠れたカリキュラムを検討してみることが，対応の第一歩になる場合があります。その際には，学級に定着している隠れたカリキュラムにつながる，教員自身の無意識の言動をメタ認知することが，求められると思います。

　どんなに素晴らしい授業計画を立てたとしても，その授業は，実践共同体である学級集団の中で展開するのですから，学級集団の状態の如何によっては，成果は期待通り上がらない場合もあります。

6　これから求められる学習とは

　ここまでの流れを整理すると，学習者が「**アクティブな学びを取り入れた授業を通して，【一定の知識 ∪ 汎用的能力（㋐自ら学習する能力 ∪ ㋑協同の意識・行動様式）】を，㋒自ら獲得する**」には，授業展開について，「**自己調整学習**」と「**協同学習**」，「**実践共同体の学び**」が生かされたものが求められます。

　そして，その授業展開を支えるものとして，一定の機能を有した実践共同体としての「**学習集団／学級集団**」と「**教員の自律性支援**」が不可欠です。図で示すと，"21世紀に求められる学習"とは図1-5のように表すことができます。

　学級集団は，最低1年間メンバーが固定された継続集団です。小・中・高等学校の学級集団は，固定されたメンバー集団を単位にして，生活活動，学習活動，児童生徒たち同士の関わり合いを通した，意識的な心理社会的な発達の促進を，その存在の目的に有しています。

　教員たちは，そうした学級内の児童生徒たちの人間関係の構築，集団としてまとまり活動できる状態にするためのルールの共有化に，大きな労力を割いています。「学習指導」と「生活指導」の統合の場として学級を捉えており，このような取り組みの総体は「**学級経営**」と呼ばれます。学級

第1章　アクティブラーニングが求められる学習活動とは

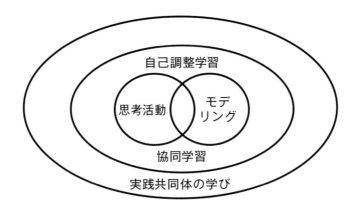

図1-5　21世紀に求められる学習

集団は，児童生徒の学校生活・活動におけるベースとしての生活共同体の面が基盤にあり，その上に学習集団としての機能体の特性が持たされています[43]。

　学級集団での一斉授業を展開することが主になる小・中学校では，授業での児童生徒の学習は，個人的な過程であるとともに，「学級集団」の状態の影響を強く受ける社会的なものとなります。

　つまり，「自己調整学習」と「協同学習」は一体的に展開されなければ効果がないことは言うまでもありません。そして，「自己調整学習 ∪ 協同学習」と「実践共同体の学び」は，さらに一体的に展開されなければ児童生徒の学習の効果は生まれないのです。両者の学習から学ぶもののベクトルがバラバラでは，学習者である児童生徒は一貫した学びにつながらず，かえって混乱してしまいます。学校現場では，「自己調整学習 ∪ 協同学習」は授業づくりと呼ばれ，「実践共同体の学び」は学級集団づくりと呼ばれて教員に認識されることが多いですが，授業づくりと学級集団づくりは同義でなければなりません。アクティブラーニング型授業は，授業づくりと学級集団づくりが同義となっている学級集団において，実質化されたものとなり，児童生徒の深い学びにつながっていくのです。

　さらに，学習指導と生徒指導，そしてそれらを包含する学級集団づくり

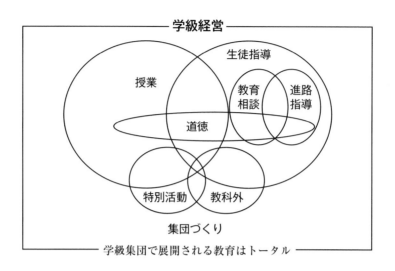

図 1-6　日本の学級集団と学級経営[43]

の総体である学級経営があります。教員が行う学級経営には，個々の教員の教育観によって一定の方針があります。その方針が，学習指導と生徒指導，そしてそれらを包含する学級集団づくりに，それぞれに影響を与えます（図 1-6）。

　したがって，日本の学級集団制度では，学習指導と生徒指導，そしてそれらを包含する学級集団づくりには，強い相関関係があるといえます。つまり，学習指導と生徒指導，学級集団づくりは，相補的・相乗的な関係があり，その成果は同じ傾向で現れてくるのです。

　このような中で，学習指導において，児童生徒の自主性を尊重し協同活動を媒介とする「アクティブラーニング型授業」を志向するならば，その成果を上げるためには，学習指導だけではなく，**生徒指導**，そしてそれらを包含する**学級集団づくり**も，アクティブラーニングを志向する学習指導と相関の高い手法が求められます。そうでなければ，アクティブラーニング型授業を志向する学習指導は，木に竹を接いだようになり，形骸化してしまいます。

　つまり，学習指導だけではなく，生徒指導，そしてそれらを包含する学

級集団づくりの要素が**トータルに満たされたとき**に，アクティブラーニングは，学習者に大きな学習成果をもたらします。

逆に，これらの要素がバランスよくトータルに満たされなかった場合（各取り組みの方針がバラバラな場合も同様です），授業展開にアクティビティを形だけ取り入れたとしても，期待される学習成果は望めないと考えられます。

【文　献】
1) 中央教育審議会（1995）．我が国の高校教育の将来像（答申）．
2) 国立教育政策研究所（2013）．教育課程編成に関する基礎的研究 報告書5 社会の変化に対応する資質や能力を育成する教育課程編成の基本原理．
3) 中央教育審議会（2012）．新たな未来を築くための大学教育の質的転換に向けて〜生涯学び続け，主体的に考える力を育成する大学へ〜（答申）．
4) Meyers, C., & Jones, T. B.（1993）. *Promoting active learning : Strategies for the college classroom*. San Francisco, CA : Jossey-Bass.
5) 溝上慎一（2014）．アクティブラーニングと教授学習パラダイムの転換．東信堂．
6) Prince, M.（2004）. Does active learning work? : A review of the research. *Journal of Engineering Education*, **93**（3）, 223-231.
7) 文部科学省（2012）．新学習指導要領の基本的な考え方．http://www.mext.go.jp/a_menu/shotou/new-cs/idea/index.htm（2012年8月24日取得）
8) 中央教育審議会（2015）．教育課程企画特別部会における論点整理について（報告）．
9) Barr, R. B., & Tagg, J.（1995）. From teaching to learning : A new paradigm for undergraduate education. *Change*, **27**（6）, 13-26.
10) Vygotsky, L. S.（1934）. *Thought and language*. New York : Wiley. 柴田義松（訳）（2001）．新訳版・思考と言語．新読書社．
11) Paris, S. G., Byrnes, J. P., & Paris, A. H.（2001）. Constructing theories, identities, and actions of self-regulated learners. In B. J. Zimmerman & D. H. Schunk（Eds.）, *Self-regulated learning and academic achievement : Theoretical perspectives*. 2nd ed. NJ : Lawrence Erlbaum Associates.
12) Zimmerman, B. J.（1989）. A social cognitive view of self-regulated academic learning. *Journal of Educational Psychology*, **81**（3）, 329-339.
13) Zimmerman, B. J., Bonner, S., & Kovach, R.（1996）. Goal 1, Understanding the principles of self-regulated learning. In B. J. Zimmerman, S. Bonner, & R. Kovach

(Eds.), *Developing self-regulated learners : Beyond achievement to self-efficacy.* Washington, DC : American Psychological Association.
14) Zimmerman, B. J. (2000). Attaining of self-regulation : A social cognitive perspective. In M. Boekaerts, P. Pintrich, & M. Zeidner (Eds.), *Handbook of self-regulation.* San Diego, CA : Academic Press, pp. 13-39.
15) Zimmerman, B. J. (2008). Goal setting : A key proactive source of academic self-regulation. In D. H. Schunk & B. J. Zimmerman (Eds.), *Motivation and self-regulated learning : Theory, research, and applications.* New York : Lawrence Erlbaum Asssociates, pp. 267-295.
16) Bandura, A. (1986). *Social foundations of thought and action : A social cognitive theory.* NJ : Prentice Hall.
17) Deci, E. L., & Ryan, R. M. (2000). The "what" and "why" of goal pursuits : Human needs and the self-determination of behavior. *Psychological Inquiry,* 11, 227-268.
18) Ryan, R. M., & Deci, E. L. (2009). Promoting self-determined school engagement : Motivation, learning, and well-being. In K. R. Wentzel & A. Wigfield (Eds.), *Handbook of motivation at school.* New York : Routledge, pp. 171-196.
19) Deci, E. L., & Ryan, R. M. (1985). *Intrinsic motivation and self-determination in human behavior.* New York : Plenum Press.
20) Zimmerman, B. J., & Moylan, A. R. (2009). Self-regulation : Where metacognition and motivation intersect. In D. J. Hacker, J. Dunlosky, & A. C. Graesser (Eds.), *Handbook of metacognition in education.* New York : Routledge, pp. 299-315.
21) Johnson, D. W., Johnson, R. T., & Holubec, E. J. (1993). *Circles of learning* : Cooperation in the classroom. 4th ed. Edina, MN : Interaction Book Company.
22) 関田一彦・安永悟（2005）．協同学習の定義と関連用語の整理．協同と教育，1, 10-17.
23) 安永悟（2015）．協同による活動性の高い授業づくり——深い変化成長を実感できる授業をめざして．松下佳代・京都大学高等教育研究開発推進センター（編著）ディープ・アクティブラーニング．勁草書房．
24) Johnson, D.W., & Johnson, R.T. (2005). New developments in social interdependence theory. *Genetic, Social, and General Psychology Monographs,* 131 (4), 285-358.
25) Barkley, E. F., Cross, K. P., & Major, C. H. (2005). *Collaborative learning techniques : A handbook for college faculty.* San Francisco, CA : Jossey-Bass.
26) Johnson, D. W., Johnson, R. T., & Smith, K. A. (1991). *Active Learning : Cooperation in the college classroom.* 1st ed. Edina, MN : Interaction Book Company. 関

田一彦（監訳）（2001）．学生参加型の大学授業——協同学習への実践ガイド．玉川大学出版部．
27) Johnson, D. W., Johnson, R. T., Holubec, E. J., & Roy, P. (1984). *Circles of learning : Cooperation in the classroom.* Alexandria, VA : Association for Supervision and Curriculum Development. 石田裕久・梅原巳代子（訳）（2010）．学習の輪——学び合いの協同教育入門．二瓶社．
28) 千々布敏弥（2013）．学び合う授業の現状と課題——ともに学び，高め合う授業づくり．初等教育資料，5月号，2-5.
29) 杉江修治（2004）．協同学習による授業改善．教育心理学年報，**43**, 156-165.
30) 長濱文与・安永悟・関田一彦・甲原定房（2009）．協同作業認識尺度の開発．教育心理学研究，**57**, 24-37.
31) Lave, J., & Wenger, E. (1991). *Situated learning : Legitimate peripheral participation.* Cambridge : Cambridge University Press. 佐伯胖（訳）（1993）．状況に埋め込まれた学習——正統的周辺参加．産業図書．
32) Gergen, K. J. (1994). *Realities and relationships : Soundings in social construction.* Cambridge, MA : Harvard University Press. 永田素彦・深尾誠（訳）（2004）．社会構成主義の理論と実践——関係性が現実をつくる．ナカニシヤ出版．
33) Gergen, K. J. (1995). Social construction and the educational process. In L. Steffe & J. Gale (Eds.), *Constructivism in education.* Hillsdale, NJ : Lawrence Erllbaum Associates, pp. 17-39.
34) Gergen, K. J. (1999). *An invitation to social construction.* CA : Sage. 東村知子（訳）（2004）．あなたへの社会構成主義．ナカニシヤ出版．
35) Polanyi, M. (1966). *The tacit dimension.* London : Routledge & Kegan Paul. 佐藤敬三（訳）（1980）．暗黙知の次元——言語から非言語へ．紀伊國屋書店．
36) 高木光太郎（1996）．実践の認知的所産．波多野誼余夫（編）　認知心理学5 学習と発達．東京大学出版会，pp. 37-58.
37) Brown, J. S., Collins, A., & Duguid, P. (1989). Situated cognition and the culture of learning. *Educational Researcher,* **18** (1), 32-42.
38) 奈須正裕・江間史明・鶴田清司・齊藤一弥・丹沢哲郎・池田真（2015）．教科の本質から迫るコンピテンシー・ベイスの授業づくり．図書文化．
39) Jackson, P. (1968). *Life in classrooms.* New York : Holt, Rinehart and Winston.
40) 田中統治（1999）．カリキュラムの社会学的研究．安彦忠彦（編）　新版 カリキュラム研究入門．勁草書房，pp. 65-86.
41) Darley, J. M., & Fazio, R. H. (1980). Expectancy confirmation processes arising in the social interaction sequence. *American Psychologist,* **35**, 867-881.
42) Erikson, E. H. (1977). *Toys and reasons : Stages in the ritualization in experience.*

New York: Norton. 近藤邦夫（訳）(1981). 玩具と理性――経験の儀式化の諸段階. みすず書房.

43) 河村茂雄 (2010). 日本の学級集団と学級経営. 図書文化.

第2章
アクティブラーニングを実質化させる
学級集団とは

1　アクティブラーニング実質化の前提として求められるもの

　アクティビティやグループ活動を取り入れた授業は，協同学習の考え方が基盤になっています。ただし，集まったメンバーがただグループで学習活動をしても，それは真の"協同学習"といえない場合が多いです。真の"協同学習"となるためには，学習するグループに求められる基本要素があり，その基本要素が満たされない中で展開されているグループ学習は，真の"協同学習"といえず，その「アクティブラーニング（と思われているもの）」は実質化しません。

　前章でも紹介した，米国の協同学習の研究・実践の中心的存在である，ジョンソンら[1)2)3)]は，学習するグループに５つの基本要素を満たす必要があることを指摘しました。同様に，ケーガン[4)]は，４つの基本要素を満たす必要があることを指摘しています。両者に共通して，<u>グループが満たす必要があると指摘している要素は，「互恵的（肯定的）相互依存関係」と「個人の２つの責任」</u>です。

　溝上[5)]は，この２つの要素について，下記のように指摘しています。

　①互恵的相互依存関係の成立
　　クラスやグループで学習に取り組む際，その構成員すべての成長（新たな知識の獲得や技能の伸長など）が目標とされ，その目標達成

には構成員すべての相互協力が不可欠なことが了解されている。
②二重の個人責任の明確化
　学習者個人の学習目標のみならず，グループ全体の学習目標を達成するために必要な条件（各自が負うべき責任）をすべての構成員が承知し，その取り組みの検証が可能になっている。

　つまり，真の"協同学習"が展開される前提として，「学習者個人が取り組むべきことと，チームワークのあり方の達成すべき課題」と，「学習集団・グループの組織として達成すべき課題」があることを指摘しています。そのハードルは決して低くありませんが，このハードルを満たした学習グループで展開されるグループ学習が，真の"協同学習"，アクティブラーニングとなります。そうでない場合は，たとえ，学習にグループ活動やアクティビティが含まれていたとしても，それは形だけのものになってしまう可能性が高いのです（図2-1）[1]。

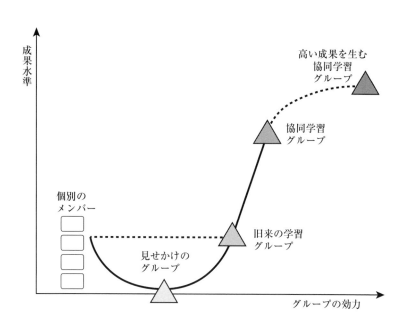

図2-1　グループの質による成果曲線[1]

この点に関して，米国で，協同学習が学術学会や教育界で研究や実践で盛んに取り上げられたのと同じ時期に，経済界や産業界でも同様の動きが起こっています。1970年代以降，企業は急速に変化する経営環境（例えば，人々のニーズの多様化による，従来の大量生産・大量販売から多品種少量生産へのシフトなど）に対して，変化に対応できる組織のあり方や人材が求められるようになり，数々の研究や取り組みがなされてきました。

　以下では，経済界や産業界の研究や取り組みで，今回の我が国のアクティブラーニング推進の教育政策に関連する内容について取り上げ，「個人が達成することが期待される課題」と，「組織が達成することが期待される課題」を浮き上がらせたいと思います。

〔1〕個人が達成すべき課題

　若林[6]を筆者が解釈して整理すると，近代工業化時代の，変化が小さいときには，上位階層に権限を集め，その指示で部下が動いていくという管理行動は有効であったかもしれません。しかし，変化が大きい状況下では，上位階層に権限を集中させ，その指示を部下が受けて対応するのでは，変化に遅れてしまう状況が生じました。さらに，目標達成のため，計画当初の前提も変化する状況下では，そのような管理行動をしていては，絶えず部下への指示によって行動を変わらせなくてはならず，すぐに破綻してしまいます。

　そこで，急速な経営環境の変化に対して，組織や社員は，柔軟性と革新性を持ち，自律的な協同をすることの必要性が強調されたのです[6]。

　"上位階層に権限が集中する管理システム"から，"あらゆる階層に権限委譲される分散型の管理システム"へ移行する必要性の中から出てきたのが，「**セルフリーダーシップ**[7]」の考え方です。従来，リーダーシップというと，リーダーがいかにしてメンバーを統率していくかという視点でしたが，これは，個々のメンバーが，自分で自分をリードする視点から出てきたものです。マンツ[7]によれば，セルフリーダーシップとは，従業員が業績を達成するように，従業員自身が自分自身に影響を与える一連のプロ

セスについての"統合的視点"であると定義されます。つまり，自律的に自己をリードすること[8]であり，一人一人の社員が自らの意思のもと，状況に対して正しい判断を行い，主体的に行動して自らの方向性を決めることです。セルフリーダーシップを開発し，対内的影響力（自己調整力）を高めることは，結果として，対外的影響力をも高めることになります[7]。

ここで注目したいのは，セルフリーダーシップを構成している基礎理論は，p.26〜27で触れた，バンデューラ[9][10]のモデリングと自己効力感であり，デシ[11]の内発的動機づけの理論であるということです。つまり，セルフリーダーシップのとれる人とは，「自己調整学習ができている人」なのです。今日では，セルフリーダーシップは，具体的な一連の行動方略や認知方略を用いて自分自身の行動を統制したり，自分自身に影響を与えたり方向づけたりするプロセスである[12]と定義されています。

〔2〕組織が達成すべき課題

従来の近代工業化時代の企業の組織は，強固なピラミッド型の構造を持ち，多様性・異質性（＝不確実性）を削減して，組織として安定・均衡を達成するという考えを持っていました。そして，上位階層に大きな権限が集中するピラミッド型の管理システムで，職務をピラミッド型に分割して遂行していた例が多くみられました。

(1) 仕事内容の全体の方向性を決定し，各プロジェクトに分割する
(2) 各プロジェクトの実行単位の設計と作業に必要な人員配置などを設定する（実施にあたっての担当者の決定，作業を実行する上で必要な資源や支援の確保など）
(3) 作業プロセスの監視および管理をする（社員の作業の進捗状況に関するデータを収集して解析し，必要に応じて適切な対応をする）
(4) 割り振られた作業を実施する

以上の4つです[6]。

例えば，(1)は部長級，(2)は課長級，(3)は係長級，(4)は平社員の役割という具合です。

　企業戦略として，例えば，市場調査を行い，平均的な消費者像を抽出し，そこに向けて大量生産・大量販売をしていた，というのが一般的な形態でした。ところが，この成功モデルが，人々のニーズの多様化による急速な市場環境の変化で，1970年代以降から通用しなくなってきました。従来の固い構造を持った組織，そしてそこから生まれる発想では，変化に対応できないことが痛感されてきたのです[6]。

　セルフリーダーシップの考え方が提案されてきた時期に，上記の現状に対応しようとした"組織形態"も提案されています。社員にセルフリーダーシップを求めるのならば，自己管理しやすい積極的な環境をつくり出すことも必要だからです[6]。

　マクレガー[13]は，早い段階で，組織内でも従業員による自己統制ないし自主管理は可能であることを指摘しています。このような考えは，4つの職務をピラミッド型に分割して遂行していた組織を，フラットな状態に近づけ，最終的に個々の従業員が4つの職務を協同して取り組むことを求めるものです。

　では，フラットな組織で，4つの職務を従業員がどのように協同して取り組めば，従来のレベルを越える発想を生み出し，成果を上げることができるのでしょうか。ここでは，システム論の考え方が参考となります。

　ベルタランフィ[14]が示した一般システム理論は，生物学や行動科学，社会科学の分野などで，様々な現象をシステムとして捉えています。そして，これら多様なシステムに適用可能な一般理論を構築しようとするものであり，システムの中にある各要素間の相互関係，相互作用を扱います（なお，ここでの「システム」とは，要素の集合とその相互作用の全体を指します）。以下，ベルタランフィ[14]をもとに整理します。

　「開放システム」の場合，外の環境からの刺激に対して因果的に反応するのではなく，環境が変化する際にシステムの内部の要素間が相互作用して自ら転換します（逆に，「閉鎖システム」では，生体恒常性（気温など外部の環境が変わっても，体の中を一定に保って生命を維持するしくみのこ

と：ホメオスタシス）のような状態になる）。また，環境に関係なく自ら変化する場合もあります。つまり，適応と変化の過程に，システムの内的な働きを想定している状態です。当初は無秩序であったシステムにおいて，内部の部分的な相互作用（インタラクション）から全体的な秩序が生み出される自然なプロセスがあるという形です。このようなシステムの態様は，「**自己組織化**」と呼ばれます[14]。

　自己組織化では，環境という外部要因によって組織が受動的に変化していくのではなく，「組織内部の要因によって主体的に組織を変化させていく」「組織の内部にある多様性・異質性（ゆらぎ）を増幅させて，既存の思考や行動様式を創造的に破壊し，新たな思考や行動様式を構築する」ことで進化することを目指します[6]。

　ここでの「**ゆらぎ**」とは，従来の組織の枠組みには収まりきらない，あるいは既存の発想では処理しきれない現象のことです。従来，ゆらぎは，安定・秩序を乱すものとして無視されていました[6]。

　自己組織化では，システムの部分的に生じた「ゆらぎ」がきっかけとなって，それが近くの部分にも次々と働きかけて，ゆらぎが増幅され始め，システムは不安定になります。そして，ある閾値を超えると，安定・秩序を求めて，全体は新たな構造へと変化していきます。そして，一定の安定・秩序が形成されてそれが固定化すると，再び同様のプロセスが始まって，新しい安定・秩序が形成されていきます。このシステムの部分に生じたゆらぎが，新たなシステムの構築と，従来の発想を越えた新たな発想につながっていくわけです[6]。

　したがって，自己組織化は一旦起きればその形態がずっと残るのではなく，システムの自己組織化プロセスに終わりはありません。自己組織化とは，開放システムの組織類型ですが，特定の組織的構造に全体が収まったシステムのことをいうのではないのです[6]。

　そして，企業の組織も，そして学級集団も，この**自己組織化した集団**なのです。

　ただし，部分のゆらぎから生じた全体の変化が，常に建設的にものになる，また，システムが常にすばらしい成果を上げるように自己組織化して

いく，とは限りません。

　マンツら[8]は，フラットな組織で従来のレベルを越える成果を上げることは，「**集団・組織に共有された目標達成にむけたチーム**」という概念の導入によって不可能ではないことを指摘しています。メンバー個人で行動するのではなく，メンバーが集まってともに活動することで，目標を達成する効果を増大させることを目指すのです。チームの成功は，「メンバー間の相互作用からシナジー効果を生み出す」ことです。

　ちなみに，ここでの"チーム"という意味は，全体の仕事を分割し，各メンバーが各自に割り当てられた分担を達成し，それを加算してその総和（＝当初想定されていた仕事の全体）を達成するというものではなく，「全体の仕事にメンバーがともに取り組むことで，**総和以上の成果を上げる**」ことを目指すものです。独自の能力と考え方を持つ者同士が話し合い，ともに活動することによって，新しい発見が生まれ，それらが結集されて，一人の人間では考えつかないようなすばらしい発想が生み出されることを目指します。

　しかし，チームにただ複数の者が集まるだけではだめで，すばらしい知恵が出てくるわけでもありません。ここで，「**チームセルフリーダーシップ**」の考え方が必要になってきます。チームセルフリーダーシップとは，まずメンバー個々がセルフリーダーシップの心理的・行動的戦略，すなわち内発的動機づけや社会的学習などの戦略を用い，かつ，チームメンバーとして，自分たちでチームを運営し，各自が自ら動機づけ，各自が効果的にチームに貢献することです[15]。

　チームが最も機能するときは，チームに「**自己管理力**」と「**自己教育力**」が内在化し，強力な個人的スキルと強力な集団スキルの両方が備わったときである[8]，と指摘されています。

　チームセルフリーダーシップはその行動面，心理面は個人のセルフリーダーシップに類似しており，チームメンバーとしての個人は，自分を効果的にリードすることが，チームのシナジー効果に結びつくことを意味します。チームメンバーは，あくまでも個性（個人の能力や特性）を発揮しながら，チームに貢献することが求められます。従来の「チームワーク」に

イメージされる，個を押さえて集団のために尽くすという，例えば，同調圧力や，全員一致主義，正当化のための根回しなど，集団主義思考に基づくものではありません。あくまで，チームセルフリーダーシップの考え方を，組織において実践することが，個人の生きがいを高めると同時に，より合理的な生き方を提供する[8]と指摘されています。

つまり，個々のメンバーがセルフリーダーシップをとれ，かつ，チームの目的や価値観を共有し，お互いに尊重し合い，相互依存関係を保ち，チームとして自律的に意思決定し，責任を持って行動できるような自己組織化チームでなければ，すばらしい発想は出ず，成果も上がらないのです。

以上から，すばらしい発想や成果を生み出す自己組織化チームの特性として，個人のセルフリーダーシップ，チームセルフリーダーシップの考え方を前提とすると，下記の点が整理されます[15]。

(1) メンバーは，特定のリーダーに方向づけられ，集権的に管理されるのではない
(2) 変化する環境への継続的な対応がある
(3) 部分的な相互作用から発するゆらぎを積極的に活用する
(4) メンバー同士に率直なフィードバックがある
(5) チーム内にシステムの修復および調整をする能力がある

「指示待ち人間」「言われたことしかできない若者」と近年の青年を揶揄する言動は多いですが，そのような青年像は，近代工業化時代の階層型組織にふさわしく育成された人間像なのかもしれません。そのため，知識基盤社会に生きる人間の育成が，そして，自律的に協同的に考え行動できる人間が，強く求められてきたのです。

2　アクティブラーニングを実質化させる学級集団の状態とは

経済界の改革に対して，教育界は10年の遅れがあるといわれていま

す。我が国でも教育政策の委員に経済界の重鎮が委員として参加し、積極的に発言していますが、経済界での成果をもとに教育界への提言が行われるわけですから、遅れる現象が発生するのも道理であると思います。

ただ、変化する社会情勢を踏まえて「これから育成されるべき人間像」を見つめる視点は、経済界でも教育界でも、重なる点が多いと思います。では、「1　アクティブラーニング実質化の前提として求められるもの」(p.49)で見てきた内容から、学校現場では、何を学ぶことができるのでしょうか。

大学の特定の講義は、学生たちが履修申告をして集まった一過性の集団(学習集団)ですが、日本の小・中・高等学校で授業が展開される学習集団は、イコール学級集団です。学級集団は、担任する教員が配置され、最低1年間メンバーが固定された継続集団です。

このような学級集団で、真の"協同学習"が展開される前提として、学習者個人が取り組むべきことと、チームワークのあり方の達成すべき課題、そして「学習集団・グループの組織として達成すべき課題」において、前項で述べてきたことから、次の点が導かれます。

〔1〕学習者個人が達成すべき課題

〈1〉個人の行動のあり方

自律的に自己をリードする人・**セルフリーダーシップ**のとれる人が求められています。言い換えれば、自らの意思のもと、状況に対して正しい判断を行い、主体的に行動して自らの方向性を決めることです。セルフリーダーシップを開発し、対内的影響力（自己調整力）を高めることは、対外的影響力をも高めることになるとの考え方です。

つまり、「**自己調整学習**」ができている人であることが求められます。p.22～29で述べたように、**予見－遂行－自己省察**の3つのサイクルに、「**動機づけ**」「**学習方略**」「**メタ認知**」の3つの要素を身につけ統合的に適切に活用できることが求められるのです。

〈2〉チームワークのあり方

　個々のメンバーがセルフリーダーシップをとることを前提に，かつ，チームの目的や価値観を共有し，お互い尊重し合い，相互依存関係を保って，<u>"チームとして"自律的に意思決定し，責任を持って行動できる</u>ような**チームセルフリーダーシップ**を発揮できることが求められます[15]。メンバーは，あくまでも個性（個人の能力や特性）を発揮しながら，チームに貢献します。

　ここで難しいのは，立場的には同格のメンバーたちがそれぞれの個性のもとで出した考えを，チーム全体の考えとして調整して統合し，チームの考えとしてまとめていくという，コーディネートする作用が，チーム内に求められるということです。そしてその能力は，ある一人だけではなく，一人一人のメンバーに必要になってきます。

　これら〈1〉〈2〉は，真の"協同学習"が展開される前提として求められるジョンソンら[1)2)3)]が指摘しているもの（p. 31 参照）とほぼ同様です。協同学習では，これらを，教員が日々，児童生徒たちに育成することが求められます。また，企業では，入社時の社員のセレクトと研修制度で身につけさせることが求められます。一方，児童生徒たちは学習活動において，社員の場合は実際の仕事において，取り組むプロセスでその能力の向上が目指されていきます。

　そうしたなか，学校現場にこの考えを取り入れるときの問題点は，大人であり契約された関係である企業人の取り組みを，自我が未熟な子どもたちが集う学級で，どのように，どのレベルまで取り入れることができるかという点です。それについては，第5章で触れていきます。

〔2〕学級集団が達成すべき課題

　従来の近代工業化時代のピラミッド型の管理システムで，「消費者のニーズの平均値に向けた大量生産・大量販売を行う」という成功モデルが，人々のニーズの多様化による急速な市場環境の変化で通用しなくなったと

ころから，知識基盤社会への改革は始まりました。平社員は上位層から与えられた業務をまじめにこなしているだけでは不十分で，"すべての社員が自律し，自ら考え活動していく"ことが切に求められてきたわけです。

　学校社会は市場原理から遠いところにあり，そのような危機感を直接感じることは少ないかもしれませんが，変化する社会情勢を踏まえて「これから育成されるべき人間像」を考えるとき，教育政策の大きな転換が見られることも必然であると考えられます。つまり，以下のような「**近代工業化社会の学習観**」から「**知識基盤社会の学習観**」への転換です。

〔近代工業化社会の学習観〕
　　学習者は，「一定の知識」を教員の指示に従って理解し身につける
　　　　　　　　　　　　　　　↓
〔知識基盤社会の学習観〕
　　学習者は，「一定の知識 ∪ 汎用的能力（<u>自ら学習する能力</u> ∪ <u>協同の意識・行動様式</u>）」を，<u>自ら獲得する</u>

　「近代工業化社会の学習観」には，それにふさわしい学級集団の状態があります。そして，「知識基盤社会の学習観」にも，それにふさわしい学級集団の状態があります。
　では，「近代工業化社会の学習観」に基づく学級集団と，「知識基盤社会の学習観」に基づく学級集団では，どのような違いがあるのでしょうか。

〈1〉「学級集団の安定した状態」に関する，
　　　「近代工業化社会の学習観」に基づく学級集団と
　　　「知識基盤社会の学習観」に基づく学級集団の違い
　　　　――安定した状態の質的相違――
　「近代工業化社会の学習観」に基づく学級集団が安定を満たすためには，教員がリーダーシップを取り，メンバーが行動するルールを定め，メンバーをその枠の中で交流させることにより，対人関係の安定を図り，「規律があり，親和的で，まとまりのある」学級集団の形成が目指される

のが一般的です。その結果，集団として安定した状態が形成されることで，すべてのメンバーへの知識の伝達も効率よく行われると考えられてきたからです。

ただし，そこには，学習の定着度の上下などに伴って，各メンバーに，固定した役割（リーダー格や周辺児など），ヒエラルキーの上下などが暗黙裡に形成され，固定化されていく傾向が生じます。固定化された関係性は，ある一面においては，対人間の不確実性が低減され，そのことによって個々のメンバーには安心感をもたらします。その結果，集団内には穏やかな雰囲気が生まれ，このような状態は継続されていきます。安定を生むために守るべきものとして設定されたルールが確立し，変化の少なさが安心を生むような，固定された人間関係が確立していきます。このような学級集団の状態は，学校現場でよく見られるものであり，「**よい学級**」と評されるレベルの状態です。

「近代工業化社会の学習観」に基づく学級集団の学級集団づくりを整理すると，次のような特性が見えてきます。

(1) 教員の持つ価値軸の枠の中に児童生徒を入れ込み，その価値軸にそった行動を取らせようとする
(2) 学級内の人間関係の軋轢の発生をなくすことに主眼が置かれ，役割や関係性を固定化して不確実性を減らし，学級集団を状態として安定させようとする
(3) 教員を頂点とした階層型の組織構造を形成する
(4) 教員が主導して設定した学級のルールにそって，児童生徒の行動を統制しようとする
(5) 教員が定めた効率的な行動パターンを理解させ，習慣的にできるようにする

このような学級集団で育成される人間像は，上司（教員）の言うことを素直に聞き，その方針に従って規則正しく行動し，上下関係を重んじて集団内に波風をたたせない言動をとることを"よし"とする，まさに，近代

第 2 章　アクティブラーニングを実質化させる学級集団とは

工業化時代に求められる人間像です。

　従来はこれでよしとされてきた傾向がありました。しかし，これからの教育政策の転換は，この学級集団の状態にも，メスを入れなければ達成できないものになります。

　役割（リーダー格など）やヒエラルキーの上下などが暗黙裡に形成され，固定化した関係性の中で安定した学級集団は，一面では，メンバー個々に不確実性が少ないという安心感をもたらします。

　しかし，その反面，個人の自発性や内発的な動機が低下し，それらの発揮につながる行動などが不活発になってきます。固定化された人間関係，型にはまった授業展開，例年通りの行事の内容を例年通りのやり方でつつがなく遂行していく。このような繰り返しは，形成された秩序を維持していくことにはつながりますが，個々のメンバーの新たな発想を創出する意欲を低下させてしまいます。

　さらに，このような雰囲気に包まれた学級集団では，メンバーは，従来にない新たな発想や行動，役割をとることが抑制され，いつもと同じ態度や行動，役割をとることが集団の和を保つこととして，暗黙裡に"よし"とされていく雰囲気が形成されます。このような状態の学級集団では，新たなチャレンジという意識が生まれにくいです。地方の幼稚園から中学校までずっと同じメンバーで構成された単学級のクラスなどに，このような傾向が顕著に見受けられます。みんな穏やかに安定しているように見えますが，同調傾向が強く本音を抑えがちで，様々な領域での意欲が低くなってしまっているのです。

　渡辺[16]は，経済活動は，実は非経済的な動機（社交性，是認，地位，勢力など）でも行われており，組織の活動に対して，組織内の社会ネットワークや組織間のネットワークが一定の影響を与えていることを報告しています。また，パットナム[17]は，社会的なつながり（ネットワーク）そのものも，社会資本（social capital）であることを指摘しています。

　このようなネットワークの中の「**結束型ソーシャル・キャピタル**（bonding social capital）」のタイプは，強い絆や結束によって特徴づけられ，組織の内部における人と人との同質的な結びつきで，組織内部での信頼や協

61

力,結束力を生むものです。このタイプは,共同体の構成員に協調行動をとらせる社会関係や規範の形成を促すことが指摘されていますが,同時に,内部志向であり,この性格が強すぎると,閉鎖性や排他性につながる場合もあることも指摘されています[18]。

つまり,「近代工業化社会の学習観」に基づく学級集団は,「結束型ソーシャル・キャピタル」タイプの性格を持っていると考えられます。

では,「知識基盤社会の学習観」に基づく学級集団とは,どのような学級集団の状態なのでしょうか。

まず,前提として,「学習者個人が達成すべき課題」での「個人の行動のあり方」と「チームワークのあり方」の条件が満たされ(p.57・58参照),秩序と人間関係が構築された一定の安定した状態が必要になります。

ただし,「知識基盤社会の学習観」に基づく学級集団の安定は,「近代工業化社会の学習観」に基づく学級集団の状態の安定とは違います。

違いは,まず,ルールの共有化のされ方などに象徴されます。

「近代工業化社会の学習観」に基づく学級集団では,教員の主導の下にルールが設定され,メンバーはその設定されたルールの下で活動する形になり,外部の人間である教員から行動を統制される形になります。

それに対して,「知識基盤社会の学習観」に基づく学級集団では,ルールは,みんなの学級生活がよりよくなるためにみんなで一定の行動を統制する合意の結果であり,必要ならばそのルールは実態に応じて随時修正されていきます。つまり,統制権はメンバー側にあります。

これはバンデューラ[9)10)]の**ルール学習**の原理です。表面に現れた行動でなく,その背景・基盤にある見えない原理・原則や価値観を学んでいるとき,それを「ルール学習」といい,メンバーはその原理・原則や価値観にしたがって自発的にルールを守って行動していきます。この状態を「**ルールが内在化された状態**」といいます。図に示すと,図2-2のようになります。

「チャイム着席」というルールに対して,Aの学級では,チャイムがなったら席に着くという行動が合意されています。Bの学級では,同時に教科書を用意しておくという行動も合意されています。それに対して,C

第2章　アクティブラーニングを実質化させる学級集団とは

〔「チャイム着席」というルールに対して〕

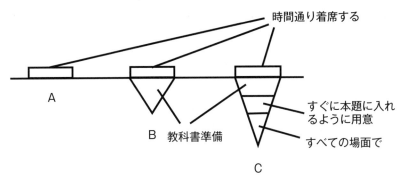

図2-2　ルール学習の段階

の学級では、「チャイム着席」とは、時間になったらすぐに本題に入れるように準備完了の状態になっていること、という原則が共有されているため、児童生徒たちは授業以外、例えば掃除などの場面でも、その原則にそった行動を自発的にするようになっているわけです。

　AとBの学級では、統制は教員側にありますので、教員が見ている場合とそうでない場合とでは、児童生徒の行動に違いが出る場合があります。しかし、Cの学級ではルールの背景にある原則が共有されて、児童生徒の自発的な行動になっているため、教員の存在の影響は受けません。

　違いは、人間関係のあり方にも象徴されます。

　「近代工業化社会の学習観」に基づく学級集団では、人間関係も特定の数人で固まって外部に閉じた小グループを形成したり、上下関係の中で安定している状態が見られます。

　それに対して、「知識基盤社会の学習観」に基づく学級集団では、すべてのメンバーがフラットで開かれているため、他のメンバーと能動的・親和的に交流できている状態です。このような人間関係は、「不安のグルーピング」のような、外部から自分を守るために外に閉じた内向きのグループを形成し、その中で得られる安心感のようなもの（これが"信頼感"と誤解されている）とは全く異なります。

　アスレイナー[19]は、こうした安心感（のようなもの）を、封建制や階級

に基づく社会での能力や人格ではなく，日常的に交流し，安定した関係性を保てる存在への特定化した相手との「こういう存在はこうしてくれるはず」との義務的な期待がベースになった，義務に対する期待に基づいているものであるとして，「**特定化信頼**」と定義しています。そして，現代のような高度な知識社会が進み，人的・物的交流や情報の移動が大量に，しかも高速でなされるグローバル化社会においては，多くの人々を信用しようとする「**普遍化信頼**（一般的信頼）」を育てていくことが求められている，としています。

さらに，集団への関与について，自己組織化チームと類似した「**学習する組織**（the learning organization）」を示したセンゲ[20]は，「学習する組織」の5つの鍵の一つとして，「**共有ビジョン**」の構築をあげています。「共有ビジョン」とは，その組織が達成すべき将来のイメージであり，共通の組織アイデンティティと使命感のもとになるものであるとし，メンバーには，個人のビジョンを共通のビジョンに変容させることが必要であることを指摘しています。

自分の目的の達成がこの学級集団の目的の達成とつながっていくような共有ビジョンづくりは，メンバーの学級集団に対する関与を強めることにつながります。

要は，学級の目的が共有されていることとは，「明るく元気に」「みんななかよく」レベルの抽象化した標語を設定するだけではダメで，メンバーが，学級の目的を達成することが自分の目的の達成につながることを，具体的に理解できるようにしなければならないのです。

つまり，「近代工業化社会の学習観」に基づく学級集団の安定の背景の人間関係には，「特定化信頼」があり，「知識基盤社会の学習観」に基づく学級集団の安定の人間関係の背景には，「普遍化信頼」と「共有ビジョン」があるのです。

このような**規律**（ルールの背景・基盤にある見えない原理・原則や価値観を学んだ上で，自発的にルールを守って行動していく中で確立されたもの）と，**親和的で開かれた人間関係**（個の自律と他者の尊重のもとで普遍化信頼があり，学級の目的が共有されている中で確立された親和的で開か

れたもの）を構築することが，「知識基盤社会の学習観」に基づく学級集団の安定した状態を形成するのに必要とされます。

よって，「知識基盤社会の学習観」に基づく学級集団の**安定した状態**を形成する**必要条件**は，次のようにまとめられます。

〈必要条件1〉
　「ルール学習により成立した規律」と，「普遍化信頼と共有ビジョンに基づいた親和的で開かれた人間関係」の統合した確立

〈2〉「学級集団の柔軟さ」に関する，
　　「近代工業化社会の学習観」に基づく学級集団と
　　「知識基盤社会の学習観」に基づく学級集団の違い
　　　――柔軟性の有無――

「近代工業化社会の学習観」に基づく学級集団では，学級集団の柔軟さについては，評価されておらず，逆に，キッチリとした規律や秩序を乱す要因として捉えられていたのではないでしょうか。

しかし，「知識基盤社会の学習観」に基づく学級集団では，学級集団の柔軟さは，新たな創造を生み出す要因として，積極的に求められる要因になってきます。

企業の取り組みは，「知識基盤社会の学習観」に基づく学級集団によりふさわしい組織形態（「自己組織化チーム」の形成もその一例）を求める指針として，参考になる点が多いです。

ポイントは，大きく言えば次の2点です。

(1) 自律性と主体性を持ったメンバー（結果として，メンバー全員がフラットな関係で，リーダーや役割が固定されない）が，自由な思考と他のメンバーとの活発な相互作用を保障されている
(2) やるべきことを上から提示され，それをメンバーが分割して取り組み，その総和を上から評価されるのではなく，一メンバーが日常の中

から自ら発想し，一部の他のメンバーと相互作用して膨らませ，それが全体の取り組みに移行していくようなシステムが保障されている（全体の目的に対してプラスになるのなら，すべてのメンバーの考えが柔軟に取り入れられ，従来のやり方とは違っても，常によりよい状態を目指して変化していくことが保障されている）

　学級集団に，この(1)(2)が満たされた状態にするには，以下の2点が，学級集団の中にしくみとしてなければなりません。

A. 個人の思考を全体として大事にしていく／個人の特性が多様な視点で捉えられている

　メンバー個々の違いを効果的に活用するためには，メンバー個々が周りから理解されなければなりません。理解されるためには関係性がなければなりませんが，最初の関係性の構築は，メンバー相互の類似性から始まるものです。ただ，類似性だけに終始した関係性は問題であり，そのような関係性は異質性を排除します。「類似性」に基づく関係性から，**「普遍化信頼」に基づく関係性**に移行することが，個人の特性を多様な視点で捉えることができるようになる前提となります。

　また，周りの人が，ある個人の特徴的な特性を捉えてレッテルを貼る（自己中など）ことを**ラベリング**（labeling）といいますが，いったん，集団内でラベリング作用が定着すると，個人が自らの特性を変えようとしても，集団のラベリングがそれを妨害する（「君のキャラじゃない」などと揶揄する）ので，その個人は新たな試みをしなくなります。ラベリングが広まっている集団は，固定化した人間関係が支配する「閉じたシステム」になってしまいます。個人の特性を多様に，固定せずに，認め受け入れる集団があって初めて，個人の行動や集団の形態は変化します。特に，教員は，児童生徒を一つのラベルで見てはなりません。

　これは同時に，「**すべての**個人の思考を，**全体として大事にしていくこと**」につながっていきます。

　学級内の少数意見を吸い上げる工夫として，よく意見箱などが見られま

すが，そのような提案を「多数決にて取り上げるか取り上げないか」で採決してしまっては，少数意見は封印されてしまいます。そのような考えがどのように生まれ，自分たちの学級ではどのような問題が内在しているのかを，みんなでシステム的視点に立って考える機会を，定期的に設定することが求められます。

　また，誰もが自由に発言したり，他のメンバーの発言を聞けるような，自由な交流の場が学級内にあることも必要です。

　教員は，自分の方針にそわない少数意見でも，「関係ない」と考えず，方針を再検討する一つの視点として，絶えず考慮しなければなりません。

B. 相互作用が活性化する工夫がある

　個人と個人との関係性が閉じていると，相互作用は発生しにくいものです。学級内の役割（特に，リーダーシップとフォロワーシップの発揮の役割）は固定されてはなりません。生活班や学習班，係活動の構成メンバーを固定しないことが求められるのです。さらに，学校や学級内の行事を計画的に活用し，変化した関係性が生まれる場と機会が，豊富に準備されることが求められます。

　教員には，リーダー，グループが固定しないように，常に配慮していくことが求められるのです。

　よって，「知識基盤社会の学習観」に基づく学級集団の**柔軟さ**を形成する**必要条件**は，次のようにまとめられます。

〈必要条件2〉
　学級集団の中に，しくみとして次の2点が保障されている
　(1) 個人の思考を全体として大事にしていく／個人の特性が多様な
　　　視点で捉えられている
　(2) 相互作用が活性化する工夫がある

〈3〉「知識基盤社会の学習観」に基づく学級集団の,
　　安定した状態（必要条件1）と柔軟性（必要条件2）の関係

　「知識基盤社会の学習観」に基づく学級集団の必要条件の1と2において，2を促進していくためには，1の確立が前提になっている面があります（当然，そのような学級集団の状態にふさわしい教員の関わり方もあります（第3章参照））。

　ここに難しさがあります。1の作用にはメンバーを固く結びつけようとするベクトルがあります。一方，2の作用にはメンバーの結びつきを弱めることで自由な発想や相互作用を生み出そうとするベクトルがあり，両者が矛盾する可能性が否定できないからです。

　組織には，「**堅固に結合されたシステム**」（官僚的な「ヒエラルキー組織」，また，企業組織にはありえませんが，共同体に見られる「結束型ソーシャル・キャピタル」タイプもあります）と，「**ゆるやかに結合されたシステム**」（ネットワーク組織[21)22)]）があります。

　「結束型ソーシャル・キャピタル」タイプは，前述したように，強い絆や結束によって特徴づけられ，組織の内部における人と人との同質的な結びつきで，組織内部での信頼や協力，結束力を生みます。反面，内部志向でもあり，この性格が強すぎると，閉鎖性や排他性に至る場合もあります。

　一方，「ネットワーク組織」とは，複数の個人，集団，組織が，特定の共通目的を果たすために，社会ネットワークを媒介にしながら，組織の内部もしくは外部にある境界を越えて水平的かつ柔軟に結合しており，分権的・自律的に意思決定できる組織形態です[6)]。ネットワーク組織は，ゆるやかに結合した個々の要素の自律性・独立性が高いため，個別に新しい対応の仕方を現場からつくり出すことができるので，絶えず漸進的に変わっていく状況に対応することに向いています。また，自律性・独立性の高さは，個々の要素の多様性の高さにもつながるので，多様な知識・情報・ノウハウの組み合わせができやすく，その中から創造的な解決法が生まれやすい，とされています[6)]。

　さらに，ネットワーク組織は，内部に高い多様性とゆらぎを持っているので，主体的，創造的に新たな組織構造をつくり出しやすいです。

実は，日本の社会全体はネットワーク組織の方向に急速に向かい，それが定着してきています。
　そうした中，「結束型ソーシャル・キャピタル」タイプが残っている地方の地域がその流れから取り残され，閉塞感に包まれ，市町村として自立できなくなる現象が生まれてきています。この傾向は，学校でも，児童生徒の行動（LINE が友人関係を左右するなど），保護者や地域住民との関わりで，痛感されていることだと思います。すでに，地域の「結束型ソーシャル・キャピタル」タイプを無条件に前提とした学校運営は難しくなっています。当然，学級経営も然りです。
　ただし，それは，「結束型ソーシャル・キャピタル」タイプがいいか，ネットワーク組織的なものがいいのか，という二者択一的なものではありません。
　組織をめぐる状況に応じて，ネットワークの最適なタイプは異なるということが指摘されています[23]。また，「強い紐帯(ちゅうたい)の強み」の議論[24]と「弱い紐帯の強み」の議論[25]もなされています。「紐帯」とは，社会を形づくる結びつきです。例えば，チームの同質化を図る場合には，チーム内部でのネットワークに，強くて凝集的な紐帯を形成した方が業績が上がりやすいです。一方，弱い紐帯が広く展開するネットワークでは，異質で新規な情報の交流が活発になるので，急進的な新機軸・新製品の開発などに向きます[23]。
　「知識基盤社会の学習観」に基づく学級集団の柔軟性は，自己組織化チームを志向し，ネットワーク組織に近づいていきます。
　「知識基盤社会の学習観」に基づく学級集団の安定した状態と柔軟性の関係は，柔軟性を促進していく前提として，安定した状態の確立が求められます。ここに，集団の状態として矛盾する状況が発生する可能性があります。
　この矛盾する状況の発生を防ぎ，「知識基盤社会の学習観」に基づく学級集団にふさわしい学級集団の状態を形成するためには，「知識基盤社会の学習観」に基づく学級集団の安定した状態のあり方と，学級集団の発達的変化の視点が求められます。

まず,「知識基盤社会の学習観」に基づく学級集団の安定した状態は,紐帯の強さでは「近代工業化社会の学習観」に基づく学級集団と似ていますが,「結束型ソーシャル・キャピタル」タイプの性格ではなく,より<u>個人の自律と普遍化信頼,学級の目的の共有が基盤にあることが求められます</u>。そして,個人の自律と普遍化信頼,学級の目的の共有を理解させ実感させるものとして,メンバー間の関係性の紐帯の強さが求められます。

　そして,「知識基盤社会の学習観」に基づく学級集団の安定した状態が学級集団に成立してきた段階で,個人の自律と普遍化信頼,学級の目的の共有は,<u>関係性の紐帯の強さから**達成目標の追求**にシフト</u>されていくことが,学級集団の発達的変化として必要です。達成目標の追求は,学校なら自律的な学習活動(アクティブラーニング)や特別活動,企業なら新規のプロジェクトになるわけです。このシフトが学級集団の柔軟性につながっていきます。

　当然そのシフトによって,表面的な関係性の紐帯は弱まっていくように見えます。しかし,真の個人の自律と普遍化信頼の高さ,より高度な学級の目的の共有によって,メンバー間の心理的つながりは,安定した状態を求めていた段階と柔軟性を求めていく段階を比べたときに,柔軟性を求めていく段階で弱まることはなく,むしろ強まっていくと考えられます。そして,そのような学級集団に所属するメンバーたちに必要なのは,達成目標の追求である活動の中にある自律的な学習です。

　つまり,**<u>アクティブラーニングを展開できる状態の学級集団は,集団として(それが個人の目的の追求にもつながる)のさらなる発展のために,アクティブラーニングが必要なのです。</u>**

　「知識基盤社会の学習観」に基づく学級集団が,安定した状態と柔軟性の両方を確立した状態に至った,アクティブラーニングを展開できる状態の学級集団では,学級集団の安定は一時のものです。その安定を大事に守るのではなく(守っていては,外部の急速な変化に取り残されて,結果的に衰退してしまいます),そこからさらによくなるために,内部のメンバーの自由な思考とメンバー間の相互作用から生み出される発想を積極的に取り入れていきます。そうして,全体として変化していくことで,よりよ

い状態をつかんでいこうとする共有された価値観と,それを具現化するしくみが内在化された集団といえます。常に先に気づいた一部を大事にし,全体が変化していくことに合意ができている集団ともいえます。

ここまでの内容は,以下のようにまとめることができます。

　アクティブラーニングを展開できる状態の学級集団は,「知識基盤社会の学習観」に基づく学級集団が,「安定した状態(必要条件1)」と「柔軟性(必要条件2)」の両方を確立することが必要である。
　その形成は,学級集団の発達段階にそって,段階的に形成されていく。
　そして,そこでの学習活動にアクティブラーニングが必要とされる。

このような学級集団の形成のあり方については,第3章で詳しく論じます。

なお,学校現場にこの考えを取り入れるときの問題点として,まだ,「近代工業化社会の学習観」に基づく学級集団の形成を目指して実践している教員が少なくない,という現状があります。

そして,さらに深刻なのは,そうした教員の学級で,「近代工業化社会の学習観」に基づく学級集団の状態も十分に形成されておらず,不安定な状態になっている学級が,現在の日本の学校現場には一定数存在し,その対応に閉塞感が生まれているという事実です。

このような学校現場の現状の中で,アクティブラーニングを促進する教育政策が推進されている,というのが実際のところです。

【文　献】

1)　Johnson, D. W., Johnson, R. T., Holubec, E. J., & Roy, P. (1984). *Circles of learning : Cooperation in the classroom*. Alexandria, VA : Association for Supervision and Curriculum Development. 石田裕久・梅原巳代子(訳)(2010). 学習の輪——学び合いの協同教育入門. 二瓶社.

2)　Johnson, D. W., Johnson, R. T., & Smith, K. A. (1991). *Active learning : Cooperation in the college classroom*. 1st ed. Edina, MN : Interaction Book Company. 関

田一彦（監訳）（2001）．学生参加型の大学授業――協同学習への実践ガイド．玉川大学出版部．
3) Johnson, D. W., Johnson, R. T., & Holubec, E. J.(1993). *Circles of learning* : *Cooperation in the classroom.* 4th ed. Edina, MN : Interaction Book Company.
4) Kagan, S.(1994). *Cooperative learning.* 2nd ed. San Juan Capistrano, CA : Resources for Teachers.
5) 溝上慎一（2014）．アクティブラーニングと教授学習パラダイムの転換．東信堂．
6) 若林直樹（2009）．ネットワーク組織――社会ネットワーク論からの新たな組織像．有斐閣．
7) Manz, C. C.(1986). Self-leadership : Toward an expanded theory of self-influence processes in organizations. *Academy of Management Review*, 11, 585−600.
8) Manz, C. C., & Christopher, P. N.(1999). *Mastering self-leadership : Empowering yourself for personal excellence.* 2nd ed. Upper Saddle River, NJ : Prentice-Hall.
9) Bandura, A.(1977). *Social learning theory.* Englewood Cliffs, NJ : Prentice Hall.
10) Bandura, A.(1977). Self-efficacy : Towards a unifying theory of behavioral change. *Psychological Review*, 84, 191−215.
11) Deci, E. L.(1975). *Intrinsic motivation.* New York : Plenum Press.
12) Christopher, P. N., & Jeffery, D. H.(2006). Two decades of self-leadership theory and research : Past developments, present trends, and future possibilities. *Journal of Managerial Psychology*, 21, 270−295.
13) McGregor, D.(1960). *The human side of enterprise.* New York : McGraw-Hill. 高橋達男（訳）（1970）．企業の人間的側面――統合と自己統制による経営（新訳版）．産業能率大学出版部．
14) Bertalanffy, L. V.(1956). General system theory. *General systems : Yearbook of the society for the advancement of general systems theory*, 1, 1−10.
15) 大里栄子（2013）．集団・組織におけるリーダーシップ――セルフリーダーシップとの関連において．福岡国際大学紀要．30．75-80．
16) 渡辺深（2006）．新しい経済社会学．富永健一（編） 理論社会学の可能性――客観主義から主観主義まで．新曜社，pp. 176-193．
17) Putnam, R. D.(1993). *Making democracy work : Civic traditions in modern Italy.* Princeton, NJ : Princeton University Press. 河田潤一（訳）（2001）．哲学する民主主義――伝統と改革の市民的構造．NTT 出版．
18) Narayan, D.(1999). *Bonds and bridges : Social capital and poverty.* Poverty Group, PREM, The World Bank.
19) Uslaner, E. M.(2003). Trust in the knowledge society. Prepared for the Conference on Social Capital, Cabinet of the Government of Japan, March 24-25, Tokyo,

Japan. 西出優子（訳）（2004）. 知識社会における信頼. 宮川公男・大守隆（編） ソーシャル・キャピタル——現代経済社会のガバナンスの基礎. 東洋経済新報社, pp. 123-154.
20) Senge, P. M. (1990). *The fifth discipline : The art and practice of the learning organization.* New York : Doubleday. 守部信之（訳）（1995）. 最強組織の法則——新時代のチームワークとは何か. 徳間書店.
21) 寺本義也（1989）. ネットワーク組織論の新たな課題——企業グループの再構築とパワーの役割. 組織科学, **23**(1), 4-14.
22) 寺本義也（1990）. ネットワーク・パワー——解釈と構造. NTT 出版.
23) Kilduff, M., & Tsai, W. (2003). *Social networks and organizations.* London, UK : Thousand Oaks, CA : SAGE.
24) Krackhardt, D. (1992). The strength of strong ties : The importance of philos in organizations. In N. Nohria & R. G. Eccles (Eds.), *Networks and organizations : structure, form, and action.* Boston, MA : Harvard Business School Press, pp. 216-239.
25) Granovetter, M, S. (1974). *Getting a job : A study of contacts and careers.* Cambridge, MA : Harvard University Press.

> **コラム** アクティブラーニングが行われた学習集団の一例

　本章で述べてきた「知識基盤社会の学習観」に基づく学級集団 (p. 62) のような集団ですが，実際の例としては，どのような集団になるのでしょうか。

　筆者は，一昨年度，試行的にアクティブラーニング型授業の形式で行ったので，そこでの事例を紹介します（早稲田大学 大学院教育学研究科「生徒指導論」(修士課程の単位・35名)）。

　事前のシラバスには，講義形式ではなく，広義の生徒指導に関する問題について，参加者が問いを見つけ，グループで調べ学習とディスカッションを行い，すべてのメンバーが60分のプレゼンテーションを行うことを明記しました（授業は半期）。

　週一回，90分だけ参加する一般的な授業（講義）と比べると，時間外にも「調べ学習」と「グループ活動」があります。単位だけをとる学生にしてみるとコストパフォーマンスの悪い授業に該当することもあり，参加した学生は，かなり問題意識が高い学生たちでした（ほとんどの学生が，各自の問題意識で履修申告したようで，最初に教室で顔合わせをしたときには，初対面の学生同士が多かったです）。

　構成的には，教育学，生涯学習，心理学，英文学，国文学，社会学，数学の各専攻の学生たちがバランスよくおり，この中に留学生6人と社会人大学院生4人，博士課程の学生3人が含まれていました。

　最初の授業で，この授業の内容と展開方法と評価について，契約をしました。この授業での学習の意義や意味を詳しく説明し，質問を受け，全員に納得してもらった上で，契約をしたのです（契約できない場合は履修放棄ということになりますが，一人もいませんでした。ちなみに，第一回目は正式登録ではないので，その授業の履修申告をしないのは自由となります）。

その後，簡単なグループワークを行い，全体で，問題としたい内容を，ブレーンストーミングで出していきました。それを簡単なKJ法でまとめ，ランキングをつけて6つのテーマを抽出しました。テーマごとに5，6人のグループをつくりましたが，専攻がバラバラになるようにとの条件のもと，グループ編成はスムーズに終わりました。すべての学生がどのテーマにも興味があったようなので，うまく調整できました。

6つのテーマは次のようなものでした。

①非行
　　要因と対応のあり方，ソーシャルスキルとの関連
②不登校
　　定義，原因ときっかけ，海外との実態比較
③学級崩壊・授業不成立
　　教員個人要因と集団要因，海外との実態比較
④教員組織
　　組織としての学校，教員文化と多忙感，部活動指導のあり方
⑤いじめ
　　原因と種類，現在と過去のいじめの比較，海外との実態比較
⑥特別支援教育
　　障害に関する基礎知識，歴史と教育課程，現場の実情，海外の取り組み

その後は，グループ活動を6回＋1回（この回は6回目の終了時に各グループが作成したレジュメを人数分印刷して配布したのですが，そのプレゼンテーションの準備にあてた時間）実施しました。

発表は6回で，ジグソー法により6つの教室に分けてのプレゼンテーション（発表40分＋発表者が進行するディスカッション20分，発表以外のグループの学生は6つの教室に分かれる）を行いました。例えば，

「①非行」のグループの担当日は，非行について検討し合った6人のメンバーが，一人一人それぞれの教室に行き，一人でプレゼンテーションをしていきます。他のグループのメンバーも6つの教室に分かれて入り，そのプレゼンテーションに参加して議論します。つまり，一つの教室では，一人のプレゼンターと他のグループから一人ずつ参加した5人の計6人で，議論が展開していきます。

最後に30分間，全体の教室に集まって，各グループで議論の中心になったものを出し合って，全体でディスカッションをしました。そして最後の1回は，90分間，履修者全員で，この授業全体で気づいた点について，ディスカッションを行いました。司会進行は私が担当しました。

授業の時間が昼食前の2限だったので，終わった後も話が盛り上がり，いろいろなメンバーで昼食をしながら話し続ける光景が頻繁に見られました。筆者は，グループ活動時にはファシリテーター，全体でのディスカッションのときはスーパーバイザーの役割をとりました。

学習内容もよく，話し合いも親和的にかつ突っ込んだ内容であり，授業評価もとてもよい結果となりました。学生たちの人間関係もとても深まったようです。このような集団になったのは，個々の学生が自律的に行動でき，相互に相手を尊重し，相手の専門性に関心を持ち，チームワークをとるスキルも高かったことが前提にあると考えられます。この授業の学生たちとは，授業終了後も関わることが多いです。

第3章
アクティブラーニングが実質化する
学級集団づくりとは

1 アクティブラーニングが活発に行われる状態の学級集団

　アクティブラーニングが活発に行われる状態の学級集団とは,「知識基盤社会の学習観」に基づく学級集団であり,学習者が,「**【一定の知識 ∪ 汎用的能力（自ら学習する能力 ∪ 協同の意識・行動様式）】を,自ら獲得する**」にふさわしい学級集団の状態であることを,ここまで説明してきました。
　最終的に,**個人の自律**と**普遍化信頼**を強く持ち,**学級の目的の共有化**がなされる。個人の考えを大事にされたメンバー個々が,開かれた親和的関係の中でゆるやかにつながる。そして,常に,自らの目的につながる学級集団の目的を達成するために,個人で,または考えを活性化することができる数人で,新たな発想をめぐらし,そこから生まれたよい発想には全体でそれをもとに協同活動ができる。そうしたプロセスを継続できる学級集団です。
　「**学級集団の目的の達成**」は,学習活動はもちろんのこと,学校行事への取り組みや特別活動,日々の諸活動の取り組みも含まれます。そして,その結果として,所属している児童生徒は,学習指導面と生徒指導面の両面にわたって,一般的な知識と汎用的能力（自己調整力,協同する意識と行動のあり方）を,自ら身につけていきます。
　このようなアクティブラーニングが活発に行われる状態の学級は,**次の**

2段階で,学級集団が発達していくことが想定されます。

①一定の安定がある段階

　　個々のメンバーが相互に関わりながら,「個人の自律」と「普遍化信頼」の獲得,「学級の目的の共有化」を目指します。その結果,学級が集団として,規律と開かれた親和的な人間関係を確立していきます。教員のリーダーシップ(役割は変化し,最後は児童生徒に委任される)のもとで協同活動ができ,一定の安定を得た状態の段階です。

②柔軟に変化できる段階

　　高いレベルの「個人の自律」と「普遍化信頼」と「学級の目的の共有化」をもとに,個人の考え,メンバー間の相互作用が大事にされることが前提です。そのような状態から生まれた自由な発想を,積極的に全体の考えとして取り入れていきます。そして,より個人として集団として向上するために,「一定の安定がある段階」から学級集団は柔軟に形態を変化させながら,全体で協同活動ができる状態になる段階です。

そして,①②の各段階を達成するために,それに見合った学習活動,学校行事への取り組みや特別活動,日々の諸活動の取り組みがあります。

2　アクティブラーニングが活発に行われる状態の学級集団づくり

　学級集団は,自己組織化(p.54参照)した集団です。したがって,その状態をシステムで捉え,考えてみたいと思います。

　システムは,外から加えられる作用(インプット)は見ることができます。また,システムが内部で相互作用(インタラクション)してその結果,特定の現象が現れる(アウトプット)のも見ることができます。しかし,システムがインプットとアウトプットの関係をどのように組織しているかは外部の人からは見ることができません。システムのこのような内部

第3章 アクティブラーニングが実質化する学級集団づくりとは

＜インプット＞	⇒	＜インタラクション＞ （ブラックボックス）	⇒	＜アウトプット＞
日本の学校制度 学校全体の環境 担任教員の指導行動 校内の他の教員たちの対応 他学級・他学年の 児童生徒の行動 その他		学級集団内の児童生徒 間の相互作用		外に現れる学級集団の状態 児童生徒個々の適応状態 児童生徒個々の行動 児童生徒個々の学習態度 児童生徒たちの友人グループ その他

図3-1　システムとしての学級集団

の見ることのできない相互作用（インタラクション）には，「**ブラックボックス**」という概念が導入されます[1]。

　以上を，学級集団に当てはめると，図3-1のようになります。

　担任教員の学級集団づくりが難しいのは，特定の対応をとったとしても，それが因果関係として，ストレートに学級集団の状態や児童生徒たちの行動や態度に現れないところです。それは，「教員の特定の対応」と「学級集団の状態や児童生徒たちの行動や態度」との間に，ブラックボックスとしての学級集団内の児童生徒たちの相互作用（インタラクション）があるからです。

　その結果，児童生徒たちの相互作用が少ないように，個別に徹底的に管理するという状況，または逆に，「児童生徒たちの相互作用は，外部からは方向づけられない」と諦め，「学級集団の状態は，所属する児童生徒たちの特性によって決まる」と考えて適切な対応をとらない，という状況が生まれてしまったりします。

　学級集団の研究については，欧米では，ゲッツェルズら[2]によって，集団としての独自性が指摘されました。また，グラハム[3]も，「子ども同士の比較」よりも，「子ども自身の学習の改善や進歩が強調される教室環境」の方が，子どもの教材の習得効果が高いこと，つまり，「**学級集団の風土や雰囲気が，子どもの学習活動全般に大きな影響を及ぼす**」ことを指

摘しています。

　学級環境を捉える試みも，教員や子どもの行動という個々の学級の構成員の事象を抽出し，それらの情報を集積して学級環境を捉える方法だけではなく，学級全体の持つ雰囲気を「**学級風土**（classroom climate）」として質問紙で調査する方法が整備され，CES（classroom environment scale[4)5)]）や CAS（class atmosphere scale[6)7)]），LEI（learning environment inventory[8)]）などの学級風土を測定する質問紙が作成されました。我が国でも伊藤ら[9)]の作成したものがあります。

　学級風土もその中に含まれる「組織風土」とは，組織や職場の日々の行動に関して，明示的または黙示的に存在している「べし，べからず」といった規則，集団規範のことです[10)]。これらも，ある意味，ブラックボックスの学級集団内の相互作用を捉える試みともいえるのです。

　また，学級集団内のメンバー間の友人関係を調査し，各メンバーの社会的地位指数やメンバー間のマトリックスを作成することで，学級集団内のメンバー間の人間関係の相互作用を捉えようとするソシオメトリックテストを用いた研究も知られています[11)12)]。

　さらに，筆者が作成した学級生活満足度尺度[13)]は，アウトプットで現れた児童生徒個々の学級生活の満足度の学級全体の分布を類型化し，ブラックボックスの学級集団内の相互作用を類推しようと試みたものです。

　アクティブラーニングが活発に行われる状態の学級集団は，2段階で，集団として発達していくと述べましたが，それがどのように形成されていくのか，先行研究を見ていきます。

　まずは，第2章で紹介した「近代工業化社会の学習観」に基づく学級集団の「**学習者は，『一定の知識』を教員の指示に従って理解し身につける**」にふさわしい学級集団の状態の形成に大きな影響を与えると考えられる，担任教員のPM式リーダーシップの知見を整理します。

　さらに，「知識基盤社会の学習観」に基づく学級集団の「**学習者は，【一定の知識 ∪ 汎用的能力（自ら学習する能力）∪ 協同の意識・行動様式）】を，自ら獲得する**」にふさわしい学級集団の状態の参考になる，セルフリーダーシップ論に関する知見，自己調整学習の知見を整理します。

そして最後に、筆者が提起した学級集団づくりを解説したいと思います。

〔1〕教員のリーダーシップ行動・PM理論から学ぶこと

三隅ら[14]の学級における教員のリーダーシップ行動について、リーダーシップPM理論[15)16)17]を基礎とした測定尺度の作成は、その後の我が国の教員の指導性の研究に一定の方向性をもたらしたと考えられます。

PM理論は当初、産業組織体・官公庁企業体のリーダーシップ論として開発されたものです。この理論の特徴としては、リーダーシップ行動を、「目標達成機能Performance（リーダーシップP機能）」と「集団維持機能Maintenance（リーダーシップM機能）」に分類し、2つの側面から捉えることができます[14]。

さらに、P機能とM機能は別々に機能するのではなく、P機能とM機能が同時に含まれていることが前提になり、P機能、M機能の両方が強いPM型、P機能が強いPm型、M機能が強いpM型、P機能とM機能とがともに弱いpm型、といったPM式指導4類型に分類し、リーダーシップ行動の理解を可能にしています（図3-2）。

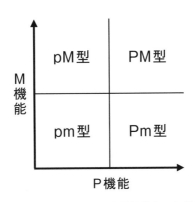

P機能（Performance）…集団の課題解決ないし目標達成を志向する
M機能（Maintenance）…集団維持を志向する

図3-2　PM式指導4類型

最も好ましいとされるPM型のP機能は，Pm型よりもP行動の頻数が少なく，したがってPの評価値も小さくなります。M機能もまたpM型よりもM行動の頻数が少なく，したがってMの評価値も小さくなります。しかし，PM型の効果は，Pm型とpM型のそれぞれの効果よりも，優位です[14]。

　三隅[15)16)17)]はこのPM理論を，教員のリーダーシップ行動を測定する尺度としても適応可能であることを示しました。一人の教員がP機能とM機能の両方を強く発揮するとき，一方のみを多く行うよりも，児童生徒の学習意欲，規律遵守及び学級連帯性に対して高い相乗効果があることを指摘しています。このPM式指導4類型の効果性については，民間企業体や官公庁の管理・監督者などのPM4類型効果の順位と全く同一であったことが見出されています[15)16)17)]。

　教員の指導性の研究は，学校現場の教員の指導性の向上を目指した取り組みにも取り入れられ，PM式指導4類型の考え方はその指標としても多く用いられています[18)19)20)21)22)]。

　このような中で，学級集団の形成の指針として，次の研究成果が注目されます。大河内ら[23)]は，**P行動**の下位形態として，「メンバーの能力向上を志向する」P行動と，「目標達成量の増加を志向する」P行動を設定し，これらに**M行動**を加えた3つのリーダーシップ行動の時間的関数として効果性を定式化しました。"メンバーの能力"とは，学習や活動する際，プランニングの仕方や遂行する際の方略やスキルなどです。それを指導するのが，「メンバーの能力向上を志向するP行動」です。一方，「目標達成量の増加を志向するP行動」とは，先行研究で一般に想定されているP行動です。以上を整理すると図3-3のようになります。

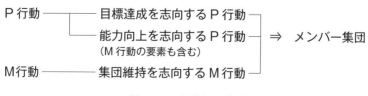

図3-3　P行動とM行動

そして，メンバー集団の目標達成量が最も高くなるような，リーダーがメンバー集団にPM型リーダーシップを発揮する指針として，次の流れが最適であることが指摘されています[23]。

(1) メンバーの能力，人間関係の良好さのうち，低い方を上昇させて，バランスのとれた状態にする段階。
　　すなわち，能力向上を志向するP行動か，集団維持を志向するM行動のいずれか一方だけを発揮し，かつ，目標達成を志向するP行動は発揮しない。
(2) バランスのとれた状態になったメンバーの能力，人間関係の良好さを，バランスを維持しつつ，両方とも上昇させながら，かつ，目標達成量をも上昇させる段階。
　　すなわち，3種類のリーダーシップ行動をいずれも発揮する。
(3) メンバーの能力，人間関係の良好さは現状維持のまま，目標達成量のみを上昇させる段階。
　　すなわち，能力向上を志向するP行動と集団維持を志向するM行動は発揮せず，直接的目標達成のための目標達成を志向するP行動のみを発揮する。

上記は，「近代工業化社会の学習観」に基づく学級集団の学習者の集団を想定したモデルですが，そこから学ぶ点として，次のようなものがあります。

(1) 目標達成量の最大化のためにも，まず，集団を捉える2つの視点である「メンバーの能力」と「人間関係の良好さ」について，集団をバランスのとれた状態にすること
(2) (1)の前提の上で，しばらくは，メンバーの能力，人間関係の良好さを，バランスを維持しつつ，両方とも上昇させながら，かつ，目標達成量をも上昇させようとしていること
(3) 集団として活動が活発化する一定の状態を得たら，あとは目標達成

のみを指示していくこと

　つまり，どのような集団であろうとも，集団活動の成果を上げるためには，まず集団の状態の安定が求められ，集団の状態の安定には，「メンバーの能力」と「人間関係の良好さ」が必要とされるという点が注目されます。これは，真の協同学習が成立するために，集団に求められる必要条件と類似していると考えられます。

　「知識基盤社会の学習観」に基づく学級集団を目指した集団と，「近代工業化社会の学習観」に基づく学級集団を目指した集団の違いは，「近代工業化社会の学習観」に基づく学級集団では，集団が安定して累積目標達成量が上昇した後も，リーダーが設定した方針や取り組み方で，その後も継続してメンバーに取り組ませようとする点です。つまり，リーダーシップ行動をメンバーに委譲するという視点がないのです。

〔２〕セルフリーダーシップ論から学ぶこと

　従来，リーダーシップというと，リーダーがいかにしてメンバーを統率していくかという視点でしたが，「セルフリーダーシップ論」とは，個々のメンバーが自分をリードする立脚点として考える視点から出てきた考え方です。

　「知識基盤社会の学習観」に基づく学級集団の参考になるものとして，フラットでフランクであり，メンバーがセルフリーダーシップを発揮できる集団を形成するためには，マンツら[24]は，「集団がリーダーの役割をとりこむようにする」こと，その結果として，集団のメンバーが「自らをリードするもの」となることを指摘しています。

　カーら[25]や金井[26]も，**リーダーシップの代替物アプローチ**を提唱し，マンツらと同様に，リーダーが不在でも集団がうまく活動できるように，リーダーシップの機能を代替する要因は，"組織の側"（例えば，コントロール・システムや社風）にも"個人の側"（例えば，成熟度や専門性）にも存在していることを指摘しています。

自主管理の各集団のリーダーは，自分がいなくても集団がうまく自律的に動くしくみづくり，集団の雰囲気づくり，チーム内での分業，人選や集団の課題と個人の特性に応じた育成に留意して，リーダーシップの代替物を日々築きあげておくようにしなければならないとしています[25)26)]。

　その手段として，「セルフリーダーシップ論」の認知論的展開として，**モデリング**」をあげています。観察者のメンバー側が，手本となるリーダーの行動を，その行動に対する認知的に構築されたスクリプトを獲得し発展させ変化させていく過程であると説明しています。逆に，リーダーの役割は，メンバーがスクリプトを自主的に形成し，それを必要なときに自然に思い出すのを促進することにある，というわけです[27)]。

　「**スクリプト**」とは，ある特定の脈絡に対して適切な事象や行動（あるいは，事象や行動の連続のしかた）を記述する，ある種のスキーマ（経験や知識について人の心に固定化されたイメージや概念のこと）で，記憶の中に保持されるものです[28)]。

　スクリプトには，下記の2つの効果があります。

(1)　状況の理解を助ける
(2)　その状況にふさわしい行動を選ぶ指針を提供する

　特に，(2)の効果に見る通り，モデリングがスクリプト形成に役立っている程度に応じて，メンバーは，その集団に存在する原理・原則を学んでいます。これは，p.62でも取り上げた，バンデューラの提唱する「ルール学習[29)]」の原理です。表面に現れた行動ではなく，その背景・基盤にある見えない原理・原則や価値観を学んでいた場合，メンバーはその原理・原則や価値観にしたがって，自発的にルールを守って行動していけます。

　例えば，6年3組の学級委員の児童が，教員から，「A：来月の6年3組指導の全校縦割り集会は，児童たちで計画して運営してください」と言われます。

　すると，その児童たちは，「B：教員から言われた内容を，学級会で議題とし，取り組む内容と各学年の担当を含めて役割分担をし，役割ごとに

準備をし,全校縦割り集会を児童たちだけで運営して」いきます。

その際,「C:児童たちで任されたときこそ,手抜きや他人任せは厳禁であり,準備と運営はいつも以上にしっかりとやる」とすべての児童たちは理解します。

そして,「D:担当の6年3組の児童たちは,自分の楽しさや感情を優先させるのではなく,当日は裏方で,他の学年や学級の児童たちが楽しく取り組めるようにフォローする」ということを理解します。

「A」を聞いたら,メンバー全員が「B」の行動がとれ,その背景の考えとして「C」と「D」の意識を持てる,この「B」「C」「D」の一連の流れがスクリプトであり,このスクリプトを理解していれば,「A」を聞いただけで,一連のプロセスを理解することができます。ここで,「C」「D」の背景には,この集団の持つ価値観があります。

スクリプトが豊富な人々の会話は,細かい説明をいちいちしなくてもよいので,とてもスムーズになります。その背景には,集団としての価値観があり,それをメンバー全員が共有しているので,メンバー個々の自発的な行動も集団の価値観にそって一貫したものになります。ジョイアら[28]も,多様なスクリプトが集団内で蓄積され共有されていると,メンバー個々の行動のレパートリーの幅が広がり,行動の指針となる「地図」の大きさや精度も高まる,と指摘しています。

このように,セルフリーダーシップ論から学ぶ点としては,次のようなものがあります。

(1) 集団内での様々な活動を通して,メンバー個々がその集団内での行動の指針となるスクリプトを数多くモデル学習していくこと
(2) (1)の背景にある,その集団の大事にしたい価値観を,各メンバーが理解し自分のものとし,その集団の価値観がすべてのメンバーに共有されていくこと
(3) (2)のもとに,メンバー個々がスクリプトを自主的に発展させ変化させて形成していくこと

これを,「知識基盤社会の学習観」に基づく学級集団の発達段階における,「一定の安定がある段階」,「柔軟に変化できる段階」(p.78参照)と照らし合わせると,「一定の安定がある段階」の前の段階が前述の(1),「一定の安定がある段階」が(2),「柔軟に変化できる段階」が(3)に該当すると考えられます。あらためて,「一定の安定がある段階」と「柔軟に変化できる段階」の2段階で, このような集団は発達していくことが想定されます。

〔3〕自己調整学習の理論から学ぶこと

　学習に関する歴史をたどると, 自己調整学習 (p.22) の研究の初期から, 学習のリソースとして積極的に仲間との相互作用の機会を利用するような学習方法が想定されていました[30]。
　シュンクら[31]は, 生徒同士の相互作用で,「**熟達モデル**(最初から有能に振る舞い, 高いスキルを示すモデル)」と「**対処モデル**(最初は課題をうまくこなせず弱気な発言をするが, 次第に課題を正しくこなせるようになり, 自信を示す発言をするモデル)」を比較し, その効果を検討しています。そして, 算数を苦手とする児童にとっては, 対処モデルの方が, 自己効力感やスキルの獲得に対して有効であったことを指摘しています。つまり, 能力が近いレベルで, 最初はできなくても努力してできるようになったプロセスを知っているモデルの方が, 学習者の積極的なモデリングを促し, かつ,「自分もやればできる」という自己効力感も高まったというわけです。
　また, モデルの特性だけではなく, 学習者自身の学級内で置かれている状況や性格特性も, モデリングに影響を与えることが指摘されています。
　仲間から拒絶される児童は, 仲間の行動を敵意的に解釈しやすかったり, 攻撃的に関わったりすることが多く[32], 仲間から受容されている児童は, 向社会的な目標を設定し, 仲間と適切に関わる社会的スキルを有している[33]と指摘されています。つまり, 学習者の社会的場面での状況や社会的スキルが, 学習場面にも影響を与えていることが示唆されます。

さらに，その背景には，学習者が学級内で受容されない状況になっているということは，そこに，社会的スキルの未熟さや，偏ったモデリングの仕方などがあることが想定されます。

したがって，学習場面でも社会的場面でも，「（メタ）認知的プロセス」(p. 25 参照) と「動機づけプロセス」(p. 23 参照) の両方が活性化される必要があります[34]。自己調整学習は，個人が独力で学習を進めることではなく，仲間や教員との相互作用の中で自律的に学習を調整していくことが大事なのです。

以上の点を踏まえると，自己調整学習の理論から学級集団づくりに活用できることとして，自己調整能力の発達との関連でモデリングを理論化した，前述のジマーマン[35)36]が提唱する「社会的認知モデル (social cognitive model)」(p. 26 参照) が参考になります。学級集団づくりに活用できる点としては，次のものがあります。

(1) **教員が個々の児童生徒との関わりで自己調整していた活動を，児童生徒がモデリングして，児童生徒間の協同的な調整活動へと移行していく**
(2) **児童生徒が教員の計画作成やモニタリング，評価の方法を内面化し，自分自身でそれができるようになる**

仲間や教員との相互作用の中で自律的に学習を調整して能力を身につけていくことを志向している自己調整学習は，学習集団の状態がどうなっているかが重要です。そこで，学級集団づくりとして押さえておきたい点は，前述の(1)(2)の流れです。これは，「セルフリーダーシップ論 (p. 84 参照)」とも通じるものです。「**一定の安定がある段階**」の前の段階が前述の(1)であり，「**一定の安定がある段階**」と「**柔軟に変化できる段階**」の段階が(2)に該当すると考えられます。

「一定の安定がある段階」と「柔軟に変化できる段階」の識別が曖昧なのは，アメリカの学級は，日本のように1年間メンバーが固定され，そのメンバーで様々な生活活動や特別活動も計画的に運営される，生活集団と

学習集団が密接に合わさった集団ではないことが考えられます。

「知識基盤社会の学習観」に基づく学級集団を形成するにあたって，セルフリーダーシップ論と自己調整学習の理論についての先行研究でも，おおむね，「一定の安定がある段階」から「柔軟に変化できる段階」に発達していくことが示唆されます。そして，この流れの中で，それぞれ次のような対応の指針が考えられます。

①「一定の安定がある段階」の前の段階
リーダーが期待する行動をとり，その行動の背景にある原理・原則を説明しながら，メンバーにモデリングさせ，様々な行動の背景にある原理・原則を個々のメンバーに共有させていく

②「一定の安定がある段階」
様々な行動の背景にある原理・原則の基盤となる価値観を，個々のメンバーに共有させていく

③「柔軟に変化できる段階」
その集団・組織の価値観をもとに，個々のメンバーの自由な行動を保障していく

上記の各プロセスで，メンバー同士の相互作用を活性化させていきます。学級集団づくりに取り組む教員は，この各プロセスで教員がどう働きかけるのかの具体的な対応策を知りたいところだと思います。

ただし，海外の文献で，日本の学級集団にあった，この各プロセスの具体的な資料を探すことは難しいです。それは，アメリカなどの学級は，日本の大学の授業の状態に近い，学習集団の特性が強いためと考えられます。日米の学級集団の特性との相違です。

そこで筆者は，大規模な実態調査を実施し，帰納法的にその具体的な対応策を整理することを試みました。

3 学級集団の発達段階から考える「理想の学級集団づくり」

　筆者は，2009年4月〜2012年2月までと，2012年4月〜2015年2月までの6年間，小学校と中学校を対象として，教員の学級集団づくりについての実態調査研究を行いました（文部科学省・科学研究費補助金「基盤研究（C）課題番号21530703」「基盤研究（C）課題番号24530836」を受ける形）。

　この研究は，日本の学校現場で，児童生徒たちが意欲的になり学習の定着度の高い学級集団を形成している教員たちの，学級集団づくりの展開の仕方を整理することを目的としました（研究の概要はp.101参照）。

　筆者[37]は，学習指導要領や学級経営に関する先行研究を整理して，日本の教員たちが望ましいと考える学級集団の最大公約数として，下記のように整理しました。

(1) 集団内の規律，共有された行動様式
(2) 集団内の子ども同士の良好な人間関係，役割交流だけではなく感情交流も含まれた内面的な関わりを含む親和的な人間関係
(3) 一人ひとりの子どもが学習や学級活動に意欲的に取り組もうとする意欲と行動する習慣，同時に，子ども同士で学び合う姿勢と行動する習慣
(4) 集団内に，子どもたちの中から自主的に活動しようとする意欲，行動するシステムがある

　今回対象とした多くの学級から抽出された**満足型学級**（「個人の士気と同時に集団士気が高まっている」学級，「集団生産性が高まる取り組み方法・協同体制・自治体制が学級内に確立している」学級）は，この(1)〜(4)に該当していました（これらの成果の一部は，学会誌で発表されています[38)39)40)41)]）。

　この満足型学級の構造は，図3-4のように表すことができます。
　まさに，協同学習のジョンソンら[42]とケーガン[43]が，共通してグループ

第3章　アクティブラーニングが実質化する学級集団づくりとは

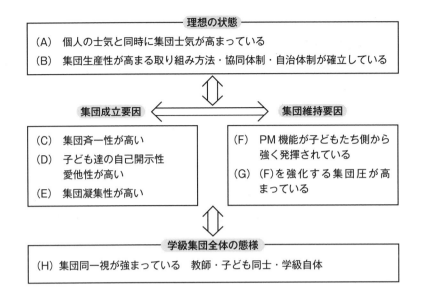

図3-4　満足型学級集団の構造

が満たす必要があると指摘した「**互恵的（肯定的）相互依存関係**」と「**個人の2つの責任**」（p.49～50参照）が満たされた状態です。

　学級集団の状態は，児童生徒の間の相互作用，インフォーマルな小集団の分化，児童生徒たちと教員との関係，それらの変化により，その雰囲気や児童生徒たちの学級や教員に対する感情，行動傾向などに変化が起こります。このような学級集団の状態の変化を，「**学級集団の発達過程**」と呼びます。

　調査されたすべての学級を俯瞰すると，実に多様な態様が認められました。教員たちの学級集団づくりには一定のパラダイム（見方・考え方）が定着しておらず，教員個々の独自性の強いものになっていることが考えられます。

　しかし，抽出された満足型学級の学級集団の状態の変化には，多くの類似性が認められ，満足型学級の発達過程は，次のように整理されました[44)]。

〔満足型学級の5段階の発達過程〕
＜第一段階　混沌・緊張期＞
　学級編成直後の段階で，児童生徒同士に交流が少なく，学級のルール*も定着しておらず，一人ひとりがバラバラの状態。
＜第二段階　小集団成立期＞
　学級のルールが徐々に意識され始め，児童生徒同士の交流も活性化してくるが，その広がりは気心の知れた小集団内にとどまっている状態。
＜第三段階　中集団成立期＞
　学級のルールがかなり定着。小集団同士のぶつかり合いの結果後に一定の安定に達すると，指導力のあるリーダーがいる小集団などが中心となって，複数の小集団が連携でき，学級の半数の児童生徒たちが一緒に行動できる状態。
＜第四段階　全体集団成立期＞
　学級のルールが児童生徒たちにほぼ定着。一部の学級全体の流れに反する児童生徒や小集団ともある程度の折り合いがつき，児童生徒たちのほぼ全員で一緒に行動できる状態。
＜第五段階　自治的集団成立期＞
　学級のルールが児童生徒たちに内在化され，一定の規則正しい全体生活や行動が，温和な雰囲気の中で展開されている。児童生徒たちが自他の成長のために協力できる状態。

　前述の日本の教員たちが望ましいと考える学級集団の状態は，学級集団の発達過程では＜第五段階　自治的集団成立期＞に該当します。筆者は，

---

*　児童生徒たちが主体的に話し合ったり協同したりするためには，話し合いの仕方，関わり方や参加の方法，意思決定の手順などの，暗黙の前提となるルールが児童生徒たちに共有されていることが必要で，この暗黙の前提となるルールをグラウンド・ルールとも言います。また，授業や学習に主体的に参加していくためには，聴く姿勢，手の挙げ方，話し方など学級内で決められた守るべきルールがあり，このルールを学習規律とも言います。学級のルールとは，グラウンド・ルールと学習規律，さらに人との関わり方や集団活動の仕方（基本的なソーシャルスキル）を併せたものの総体です。教員がイニシアティブをとりながら，学級のルールをすべての児童生徒に共有させていくことが，授業づくりと学級集団づくりの前提になるのです。

このような学級集団の状態を,「満足型」の学級集団と呼んでいます。

マンツら[24]は,集団がリーダーの役割をとりこみ,その結果として,集団のメンバーが「自らをリードするもの」となることを指摘していますが,同様のことが,本研究の学級集団づくりにも認められて整理されました[45]。

マンツらが指摘する,集団がリーダーの役割をとりこみ,その結果として,すべての集団のメンバーが「自らをリードするもの」となり,外部にも働きかけることができるようになる,学級内の一般的な展開は次の通りです。

①児童生徒たちの意識性を高め,方法を共有させる段階
＜混沌・緊張期＞
　教員がモデルとなる行動をとりながら児童生徒たちにそのような行動の意義を説明し,その方法を教えていく段階

②コアメンバーが形成される段階
＜混沌・緊張期～小集団成立期＞
　学級内の相対的に意識性の高い児童生徒たちが,教員の説明と行動をモデルにして行動し,リーダーシップをとるようになる段階

③リーダーシップをとる児童生徒がローテーションされていく段階
＜小集団成立期～中集団成立期＞
　教員や意識性の高い児童生徒たちの行動が他の児童生徒たちに広がり,新たに意識性が高まった児童生徒がリーダーシップをとれるようになる段階

④おとなしい児童生徒もリーダーシップをとれるようになる段階
＜中集団成立期～全体集団成立期＞
　周りの児童生徒たちが能動的にフォロワーシップを発揮することができ,その中でおとなしい児童生徒もリーダーシップをとれるようになる段階

⑤すべての児童生徒がリーダーシップをとれるようになる段階
＜全体集団成立期～自治的集団成立期＞

活動の内容に応じていろいろな児童生徒たちが，リーダーシップやフォロワーシップを柔軟にとれるようになる段階

　上記を見ると，満足型学級集団を形成する教員たちは，学級集団がより建設的にまとまっていく方向に従い，その段階ごとにふさわしい児童生徒たちにリーダーシップを担当させています。そして，最終的には，すべての児童生徒たちにリーダーシップを発揮する機会を設定していく，という一定のやり方が整理されました。
　つまり，学級集団の状態が「一定の安定がある段階」から「柔軟に変化できる段階」に至り，それが定着するような状態にするためには，**学級内の児童生徒のリーダーとフォロワーは固定してはならない**のです。
　ただし，満足型学級集団は最初から存在するのではなく，段階を追って形成されるので，リーダー役割の体験学習は，最初からすべての児童生徒に同時に割り振られるわけではありません。学級集団の発達段階に即して，集団としてまとまり，より良好な相互作用が生じるように，それにふさわしい児童生徒から徐々に展開されていきます。最終的に，すべての児童生徒が満足型の学級集団にコミットすることで，体験学習できる機会が得られることが求められるのです[45)]。

4　学級集団の発達段階から考える「理想の学級集団づくり」と協同学習の5つの課題

〔1〕5つの課題との関連

　知識基盤社会の学習観に基づく学級集団の発達段階のプロセスの中に，「一定の安定がある段階」「柔軟に変化できる段階」の2段階で，学級集団は発達していくことが想定されることを紹介してきました。
　「一定の安定がある段階」に至るまでの状態が，「混沌・緊張期─小集団成立期─中集団成立期」，「一定の安定がある段階」が「全体集団成立

期」,「柔軟に変化できる段階」が「自治的集団成立期」です。

　ここで，前述しましたが，河村[37]が整理した，日本の教員たちが望ましいと考える学級集団の最大公約数とも照らし合わせてみます。

(1) 集団内の規律，共有された行動様式
(2) 集団内の子ども同士の良好な人間関係，役割交流だけではなく感情交流も含まれた内面的な関わりを含む親和的な人間関係
(3) 一人ひとりの子どもが学習や学級活動に意欲的に取り組もうとする意欲と行動する習慣，同時に，子ども同士で学び合う姿勢と行動する習慣
(4) 集団内に，子どもたちの中から自主的に活動しようとする意欲，行動するシステムがある

「一定の安定がある段階」は，上記の(1)と(2)が該当します。
「柔軟に変化できる段階」は，上記の(3)と(4)が該当すると考えられます。
「一定の安定がある段階」から「柔軟に変化できる段階」へと移行していきますが，「柔軟に変化できる段階」の状態の学級は集団を発展させながら維持していくために，アクティブラーニングが必要とされます。そのような状態の学級集団で展開されるアクティブラーニングこそが，まさに実質化したものです。すべての児童生徒の「**【一定の知識 ∪ 汎用的能力（自ら学習する能力 ∪ 協同の意識・行動様式）】を，自ら獲得する**」を支えていくものと考えられます。

　筆者は「一定の安定がある段階」に至るまでの状態の「混沌・緊張期―小集団成立期―中集団成立」の状態の学級を，「**学級集団づくりのゼロ段階**」と考えています。学級集団づくりのゼロ段階の学級では，児童生徒同士の相互作用がすべて建設的に展開されるとは限らない状態です。

　ジョンソンら[42]は，真の"協同学習"が展開される前提として，学習者個人が取り組むべきこととチームワークのあり方，学習集団・グループが達成すべき課題について，次の5つをあげています。

①互恵的な相互依存性

　すべてのメンバーが「運命共同体」の関係になること
②対面的な相互交渉

　仲間同士，援助したり，励ましたり，ほめたりし合うこと
③個人としての責任

　グループメンバーは，教材について学習する，あるいは自分の個人目標に到達することに責任を持つこと
④社会的スキルや小グループ運営スキル

　グループメンバーが質の高い協力ができるように，やりとり（turn-taking），傾聴，自己主張，妥協，意見の対立の解決など，様々な社会的スキルを身につけていること
⑤集団の改善手続き

　協同学習グループの中でうまく課題に取り組めるような関係性を維持する，グループの成功を喜び合い，仲間の積極的な行動を引き出したりするような方法を身につけていること

　この5つの課題は，学級集団づくりのゼロ段階に該当するといえます。真の協同学習を展開するためには，この5つの課題が達成されていなければなりません。では，それらについて，日本の学校現場の実情に応じて，いったいどのように取り組んだらよいのでしょうか。

〔2〕「学級集団づくりのゼロ段階」の学級の問題

　さきの調査研究の結果では，「1年間を経ても『学級集団づくりのゼロ段階の状態』の学級」が60％強抽出されました。この状態の学級で，アクティブラーニングに取り組むには，かなりの困難さがあることが想定されます。

　さらに，本調査の過程で，学級集団づくりのゼロ段階の学級の中には，「近代工業化社会の学習観」に基づく学級集団の学習者の集団を想定した学級集団づくりをしている教員が，過半数を超えていると判断されまし

た。そうした学級集団づくりをしている教員の学級集団は，良好に展開されたとしても，最終的に，「全体集団成立期」(p. 92 参照)にとどまります。全体集団成立期は，学級内の学習活動や特別活動，学校行事への取り組みなどで，リーダーシップをとる児童生徒が固定される傾向があります。そして，安定を生むために守るべきものとしてのルールが確立し，変化の少なさが安心を生むような固定された関係性の人間関係があるのが特性です。

何よりも，そうした学習者の集団を想定した学級集団づくりは，「児童生徒たちに汎用的能力を育成するという目的で，その方法としてアクティブラーニングを推進していく」という考え方そのものに矛盾しています。

そのような中で，授業だけアクティブラーニング型授業の展開を取り入れたとしても，まさに，形だけを似せたものになってしまいます。児童生徒にも期待される学習内容が身につきません。

ただし，学校現場の実情として，「知識基盤社会の学習観」に基づく学級集団の「一定の安定がある段階」に至るまでの難しさがあり，その学級集団づくりのパラダイムも十分に確立していない現状があります。学級集団に，まず最低の安定した状態（一定の規律があり，人間関係の軋轢が少ないレベル）を望むのは，教員の心理として理解できないことではありません。

しかしその結果，最低の安定した状態に至ろうと拙速に管理することで，学級集団を，「近代工業化社会の学習観」に基づく学習者の集団を想定した学級集団に，至らしてしまうのではないでしょうか。

以上のことから，「**アクティブラーニングを推進するためには，まず，それに見合った学級集団づくりをしなければならない**」という，教員側の意識改革と，それを具現化するための方法論の獲得が，前提として求められると思います。

【文　献】
1) Glanville, R. (1988). *Objekte*. Berlin, German : Merve-Verl.
2) Getzels, J. M., & Thelen, H. A. (1960). The classroom group as a unique social

system. In N. B. Henry & National Society for the Study of Education (Eds.), *The dynamics of instructional groups*. Chicago, IL : University of Chicago Press. 独自な社会体系としての学級集団. 末吉悌次・片岡徳雄・森しげる（訳）(1967). 学習集団の力学. 黎明書房.

3) Graham, S., & Golam, S. (1991). Motivational influences on congnition : Task involvement, ego involvement, and depth of information processing. *Journal of Educational Psychology*, **83**. 187-194.

4) Trickett, E. J., & Moos, R. H. (1973). Social environment of junior high and high school classrooms. *Journal of Educational Psychology*, **65**, 93-102.

5) Trickett, E. J., & Moos, R. H. (1995) *Classroom environment scale manual : Development, applications, research*. 3rd ed. Palo Alto, CA : Consulting Psychologists Press.

6) Silbergeld, S., Koenig, G. R., & Manderscheid, R.W. (1975). Classroom psychosocial environment. *Journal of Educational Research*, **69**, 151-155.

7) Silbergeld, S., Koeig, G. R., & Manderscheid, R. W. (1976). Assessment of the psychosocial environment of the classroom : The class atmosphere scale. *Journal of Social Psychology*, **100**, 65-76.

8) Fraser, B. J., Anderson, G. J., & Walberg, H. J. (1982). *Assessment of learning environments : Manual for Learning environment inventory (LEI) and My class inventory (MCI)*. Perth, Australia : Western Australian Institute of Technology.

9) 伊藤亜矢子・松井仁 (2001). 学級風土質問紙の作成. 教育心理学研究, **49**, 449-457.

10) 早津明彦 (1995). 組織開発と経営革新. 田崎醇之助・青木修次（編著）産業心理学トゥデイ——豊かな職業生活をめざして. 八千代出版.

11) Newcomb, A. F., & Bukowski, W. M. (1983). Social impact and social preference as determinants of children's peer group status. *Developmental Psychology*, **19**, 856-867.

12) Mayeux, L., & Cillessen, A. H. N. (2004). Peer status in context. In J. B. Kupersmidt & K. A. Dodge (Eds.), *Children's peer relations : From development to intervention*. 中澤潤（監訳）(2013). 社会の中での仲間内地位. 子どもの仲間関係——発達から援助へ. 北大路書房.

13) 河村茂雄 (1998). 楽しい学校生活を送るためのアンケート「Q-U」実施・解釈ハンドブック. 図書文化.

14) 三隅二不二・吉崎静夫・篠原しのぶ (1977). 教師のリーダーシップ行動測定尺度の作成とその妥当性の研究. 教育心理学研究, **25**, 157-166.

15) 三隅二不二 (1964). 教育と産業におけるリーダーシップの構造——機能に関する

研究．教育心理学年報, 4, 83-106.
16) 三隅二不二（1976）．情報科学講座C・12・4 グループ・ダイナミックス．共立出版．
17) 三隅二不二（1978）．リーダーシップ行動の科学．有斐閣．
18) 伊藤篤（1992）．教師の指導様式と児童の達成目標との関係(2) 日本の小学校の分析．日本福祉大学研究紀要, 87, 140-128.
19) 河村茂雄（1996）．教師のPM式指導類型と勢力資源及び児童のスクール・モラールとの関係についての調査研究．カウンセリング研究, 29, 187-196.
20) 河村茂雄・田上不二夫（1997）．児童が認知する教師のPM式指導類型と児童のスクール・モラールとの関係についての考察．カウンセリング研究, 30, 121-129.
21) 橋口捷久（2003）．小学校教師のPMリーダーシップ・スタイルとイメージ——好かれる教師と嫌われる教師との差異．福岡県立大学紀要, 11, 51-62.
22) 福本義久・粕谷貴志（2012）．授業における若手教師の指導行動に関する研究——PM式指導類型が出現する場面に焦点化して．奈良教育大学教職大学院研究紀要 学校教育実践研究, 4, 11-18.
23) 大河内茂美・杉万俊夫（2000）．リーダーシップP-M行動の効果性に関する数理モデル——生産関数に基づく力学モデル．実験社会心理学研究, 40 (1), 63-72.
24) Manz, C. C., & Sims, H. P. Jr. (1986). Leading self-managed groups: A conceptual analysis of a paradox. *Economic and Industrial Democracy*, 7, 141-165.
25) Kerr, S., & Jermier, J. M. (1978). Substitutes for leadership: Their meaning and measurement. *Organizational Behavior and Human Performance*, 22, 375-403.
26) 金井壽宏（1981）．リーダーシップの代替物アプローチ．組織科学, 15 (3), 44-55.
27) Gioia, D. A., & Manz, C. C. (1985). Linking cognition and behavior: A script processing interpretation of vicarious learning. *Academy of Management Review*, 10, 527-539.
28) Gioia, D. A., & Poole, P. P. (1984). Scripts in organizational behavior. *Academy of Management Review*, 9, 449-459.
29) Bandura, A. (1977). *Social learning theory*. Englewood Cliffs, NJ: Prentice Hall.
30) Zimmerman, B.J., & Martinez-Pons, M. (1986). Development of a structured interview for assessing student use of self-regulated learning strategies. *American Educational Research Journal*, 23, 614-628.
31) Schunk, D. H., Hanson, A. R., & Cox, P. D. (1987). Peer-model attributes and children's achievement behaviors. *Journal of Educational Psychology*, 79, 54-61.
32) Crick, N. R., & Dodge, K. A. (1994). A review and reformulation of social information-processing mechanisms in children's social adjustment. *Psychological*

Bulletin, 115, 74-101.
33) Asher, S. R., & McDonald, K. L. (2009). The behavioral basis of acceptance, rejection, and perceived popularity. In K. H. Rubin, W. M. Bukowski, & B. Laursen (Eds.), *Handbook of peer interactions, relationships, and groups*. New York: Guilford Press, pp. 232-248.
34) Garcia, T., & Pintrich, P. R. (1994). Regulating motivation and cognition in the classroom: The role of self-schemas and self-regulatory strategies. In D. H. Schunk & B. J. Zimmerman (Eds.), *Self-regulation of learning and performance: Issues and educational applications*. Hilsdale, NJ: Laurence Erlbaum Associates, pp. 127-153.
35) Zimmerman, B. J. (2000). Attaining of self-regulation: A social cognitive perspective. In M. Boekaerts, P. Pintrich, & M. Zeidner (Eds.), *Handbook of self-regulation*. San Diego, CA: Academic Press, pp. 13-39.
36) Zimmerman, B. J. (2008). Goal setting: A key proactive source of academic self-regulation. In D. H. Schunk & B. J. Zimmerman (Eds.), *Motivation and self-regulated learning: Theory, research, and applications*. New York: Lawrence Erlbaum Associates, pp. 267-295.
37) 河村茂雄（2010）．日本の学級集団と学級経営．図書文化．
38) 河村茂雄・武蔵由佳（2012）．学級集団の状態と教育的相互作用の関係の検討．学級経営心理学研究，1，21-31.
39) 河村茂雄・武蔵由佳（2012）．学級集団内の教育的相互作用と集団同一視を測定する尺度の作成．学級経営心理学研究，1，32-43.
40) 河村茂雄（2013）．教育的相互作用の高い学級集団の発達過程と教師の指導行動の関係の検討．学級経営心理学研究，2，22-35.
41) 河村茂雄・武蔵由佳（2015）．中学校の学級集団内の教育的相互作用と集団同一視を測定する尺度の作成．学級経営心理学研究，4，10-21.
42) Johnson, D. W., Johnson, R. T., & Holubec, E. J. (1993). *Circles of learning: Cooperation in the classroom*. 4th ed. Edina, MN: Interaction Book Company.
43) Kagan, S. (1994). *Cooperative learning*. 2nd ed. San Juan Capistrano, CA: Resources for Teachers.
44) 河村茂雄（2012）．学級集団づくりのゼロ段階．図書文化．
45) 河村茂雄（2014）．学級リーダー育成のゼロ段階．図書文化．

第3章　アクティブラーニングが実質化する学級集団づくりとは

> **コラム**　満足型学級集団が形成される流れ

　教員の学級集団づくりの実態調査研究「児童，生徒の学習・友人関係形成意欲・学級活動意欲に影響を与える学級集団の状態及び発達過程の検討」(河村，2009〜2015年実施)は，関東，近畿，東北，北陸の，事前に研究に同意を得られた小学校と中学校で行われました。

　調査対象学級は，以下の条件に該当した，毎年学級編成替えが行われる小学校の4・5・6学年の学級，中学校の1・2・3学年の学級でした。条件は，文部統計要覧をもとに，1学級の実際の児童生徒数が全国平均値に近い30人前後の規模の学級を選定しました。また，対象となる学級は，地域特性が偏らないように，都市部，住宅地，商工業地，農水産地域の学校をサンプリングしました。さらに，特定の学級だけの抽出になるとバイアスがかかるため，単学級以外の学校で，全学級の協力が得られ，かつ，特定の教科や活動について県や市の教育委員会指定を受けていない学校の全学級を対象としました。

　調査時期は，先行研究で学級集団の形成上変化が大きいと指摘のある学期初めの5月，学級編成から3ヵ月後の7月，夏休みを経て学校行事が一段落する11月，学年末の2月，の4時点で実施しました。

　調査対象の児童生徒に，筆者が開発した標準化された尺度である「Q-U：Questionnaire-Utilities」と，標準化された学力テスト「NRT：Norm Referenced Test」(学年末の3月に実施)を実施しました。学級集団の状態として，児童相互の対人関係の状況，小グループの実態，学級内に定着している規範やソーシャル・スキルの内容，教員の行った指導行動を観察記録。調査は，研究協力者が分担して学校訪問し，調査・観察を行いました。観察は観察者による自然観察法とビデオ撮影を併用しました。

　そして，4回の分析結果を時系列の中で整理し(このとき学級集団の

変化を「成熟」というプラス方向だけではなく,「成熟—後退」という両方向で整理しました),学級集団のいくつかの発達過程を見出し,その中から目的とする学級集団形成の発達モデルを抽出しました。

具体的には,調査を実施した学級から,以下の3つの条件を全て満たした学級を抽出しました。

(1) 「Q-U」の得点が全国平均値と比較して,児童生徒の学級生活満足度,学習意欲や友人関係形成意欲,学級活動意欲(中学生にはこれに教員との関わり得点と進路意識得点があった)の各得点の学級の平均値が有意に高い得点になっている。
(2) 「NRT」の国語・算数の学級の平均値(中学生は,国語・数学・英語の3教科の平均値)が全国平均値と比較して,有意に高い得点になっている。かつ,学級内のアンダーアチーバー(学業不振児)になっている児童生徒の出現数が全国平均値と比較して低い値になっている。
(3) 4人の観察者のうち3人以上が,次の2点について他の学級と比較して良好である・確立していると判断。
○個人の士気と同時に集団士気が高まっている
○集団生産性が高まる取り組み方法・協同体制・自治体制が学級内に確立している

以上の手続きを経て,学級(以後,「満足型学級集団」と表記)を抽出し,4人の観察者が観察データを,学級内の児童生徒の行動,集団としての動きについてKJ法で整理しました。なお,条件(3)を満たした時期は,学級編成から3ヵ月後の7月,夏休みを経て学校行事が一段落する11月,学年末の2月とそれぞれでした。そこで,(3)の条件を満たした時期を目安にして観察データを整理しました。また,抽出された学級は特定の学年に偏ることがなく,ほぼ1/3ずつの割合であったので,学

年差を考慮せずに，学校種ごとに整理しました。

日本の教員たちが望ましいと考える学級集団の最大公約数（p.95 参照）について，満足型学級集団では，次のように達成されていることが考えられます[39]。

(1) 児童生徒たち一人ひとりが，集団内の規律を守り，共有された行動様式に従うのは当然と認識し，自ら進んで取り組むようになる。
(2) 「やらされている」のではなく，「自らやっている」という意識を持っているので，意欲も高まっている。また，みんなで同じように取り組んでいるので，取り組む意識と行動は，ますます強化されていく。
(3) さらに，学級内の児童生徒たちがお互いを仲間だと感じているので，集団の足並みが揃わない児童生徒に対しても，他の児童生徒たちから適宜介入やフォローが入りやすい。全体の集団士気が低下した場合など，それに気づいた意識性の高い児童生徒たちがリーダーシップをとって，集団全体の目標をより高く達成することを動機づけ，全体の行動を牽引していく。そのため，集団士気は高まり，集団生産性も向上していく。
(4) つまり，集団内の規律，一定の行動様式の共有化の成立は，児童生徒たちの集団内で自己管理され，自己指導するシステムが成立している。
(5) したがって，そのつど教員が一定の方向を明示し，その行動を促さなくても，自分たちから自主的に教員と共有した価値観に基づく方向に向かって行動することができる。

また，満足型学級集団内は，他の学級集団の状態のように，背景に一部の個人的に仲のよい児童生徒たちの小集団がいくつかあり，それを教員や特定のリーダーの子どもが束ねて動かしている形ではないと考えら

れます。

　児童生徒たちの人間関係は相互の利害関係を越えて，**家族関係に近いレベル**でつながっているため，児童生徒同士が支え合いの関係になり，その網の目が全体に広がっていると考えられます。その結果，一人の児童生徒の困難さや辛さが周りの児童生徒たちに共感されやすく，学級内のいろいろな児童生徒たち，学級全体からサポートを受けることができるのだと思います。言い換えれば，学級の児童生徒たちを，互助の関係で結びつけています。

　したがって，学級内の児童生徒たちの人間関係は，目標や行動を共有しているだけではなく，感情的にも結びついていることが推測できます。さらに，「学級集団教育的相互作用測定尺度[*1]」の7つの下位因子と，「学級集団同一視測定尺度[*2]」の3つの下位因子の内容が高くなっている学級では，集団圧は学級内の児童生徒たちの心理状態に無理のない範囲で及ぶ程度となります。児童生徒たちにマイナスに意識されることは少なく，自らの意思で意欲的に学級生活を送り，その満足感も高いものになっているものと考えられます。

　人間は，準拠集団と捉えている集団に所属しているとき，自分の意見と行動を評価し統制するために，準拠集団内にある規範や信念，ものの捉え方，行動基準に照らし合わせます。また，その人間が，その集団や集団のメンバーに同一視が高まっているとき，準拠集団は個人に準拠集団内にある規範や信念，ものの捉え方，行動基準を内在化させる作用があることが知られています。

　満足型学級集団はまさにこのメカニズムが児童生徒たちに作用しているものと考えられます。学級集団内に良好な教育的相互作用が定着し，かつ，児童生徒たちの学級集団同一視が高まっていることで，満足型学級集団は高い教育成果が見られ，自治的で共同体的な傾向を持ち，児童生徒たちの学級生活の満足感，学習や友人関係の形成，学級との関係の意欲も高まっていると考えられます。

第3章　アクティブラーニングが実質化する学級集団づくりとは

＊1 「学級集団教育的相互作用測定尺度」は，自治的で共同体的な雰囲気を持つ学級集団の状態の特性を支える学級集団内の児童生徒間の教育的相互作用の高さを測定するもので，すべて高い信頼性が確認された7つの下位尺度「集団凝集性」「P機能」「集団士気」「斉一性」「M機能」「愛他性」「集団圧」で構成された尺度です。

＊2 「学級集団同一視測定尺度」は，学級集団に所属する児童生徒たちの集団同一視の高さを測定するもので，すべて高い信頼性が確認された3つの下位尺度「所属集団との同一視」「教師との同一視」「友人との同一視」で構成された尺度です。

第4章

アクティブラーニングで求められる
教員の指導行動

　知識基盤社会に生きる人間に必要な能力として，世界的に，**汎用的能力（キー・コンピテンシー）** の育成が強く求められています。汎用的能力には，認知的スキルと社会的スキルが含まれ，教科・領域横断的に学習することが求められる能力です。

　このような汎用的能力をすべての授業で育成するために，アクティブラーニングが求められるようになったわけです。アクティブラーニング型授業の展開は，汎用的能力を効果的に育成するための方法論です。

　この汎用的能力をすべての児童生徒に育成するために，教員にはどのような指導行動が，授業を展開する前提として必要になるのでしょうか。その指導行動は，これまで述べてきたように，背景となる**学級集団づくり**での対応と相関が高いものであるのは，言うまでもありません。

　アクティブラーニングが活発に行われる状態の学級集団は，集団を発展させながら維持していくために，まさにアクティブラーニングが必要とされ，そのような状態の学級集団で展開されるアクティブラーニングこそ実質化したものとなり，すべての児童生徒の「**【一定の知識 ∪ 汎用的能力（自ら学習する能力 ∪ 協同の意識・行動様式）】を，自ら獲得する**」を支えていきます。

　教員は，実践共同体としての学びのある学級集団を組織すること，学習者同士の相互作用を活性化させ，個人の自律的な協同学習を促進することが，指導行動として求められます。「学級集団づくり」と「学習活動（授

業)」は相補の関係にあり，したがって教員に求められる指導行動も，両者に共通する一貫した対応が必要です。

このような教員の指導行動は，「近代工業化社会の学習観」に基づく学級集団の児童生徒に，「一定の知識」を教員の指示に従って理解し身につけるに相応する学級集団づくりと授業時の対応をする，従来型の教員の指導行動とは，一線を画したものが要求されます。

「従来型の教員」とは，「統制」を志向する教員，教員主導型の教員，管理志向の教員，指導優位の教員などと，ほぼ同義といってもよいでしょう。なお，統制（control）とは，特定の行動をとるように学習者にプレッシャーを与えることです。

本章では，まず，従来型の教員の指導行動の特徴を押さえてから，これから求められる指導行動について整理したいと思います。

1　従来型の教員の指導行動

統制を志向する教員には，授業時に，次のような行動の特徴があることが指摘されています（リーヴら[1][2]をもとに筆者が解釈して作成）。

〔統制的な教員の教授行動〕
(1)　「～しなさい」というような，指示や命令をすることが多い
(2)　「～すべきでしょう」と教員の価値観を押し付けるように発言する
(3)　児童生徒が自分で考える前に，決まったやり方を示したり，「正しいやり方」を教える（児童生徒に考える時間を十分に与えない）
(4)　教員が説明するために教材を手に持っていたり，独占していたりすることが多い（児童生徒に回して見せたり，触らせたりすることが少ない）
(5)　「ちゃんとやっているの？」などといった，児童生徒を信じていないような，統制的な質問をする

三隅[3]は，Pm型教員（指導優位の教員）のクラスでは，児童生徒たちは教員の命令に対して服従し，自分たちで思考したり判断したりするのではなく，教員の判断や指示に依存する傾向があることを指摘しています。また，バームントら[4]は，教員主導型指導とは，教員からの説明を中心とした指導で，「学習者自身が行うべき思考活動を教員が肩代わりする」といった特徴を持ち，学習者が自律的に学んでいくために必要な学習方略を習得する機会を奪っていることを指摘しています。

　また，瀬尾[5]は，教員主導型指導とは「教員がつまずき解消を主導して行う指導」であると定義して，次のような特徴を指摘しています。

〔教員主導型の指導スタイルの特徴〕
(1)　つまずきを解決するための思考活動を教員が行う
(2)　教員の思考活動の結果を児童生徒に伝達する
〔指導方略例〕
○つまずいた問題で重要なところを教員が教える
○どうすればまちがわないかを教員が教える
○まちがった原因を教員が教える

以上のような指摘は，以前から数多くなされてきました。
こうした従来型の教員の指導行動の特徴は，次のように整理されます。

(1)　教員が主導して設定した活動のルールにそって，児童生徒の行動を統制しようとする
(2)　教員の指導したい内容や伝達したい知識を，効率よくすべての児童生徒に定着させるために，一方的な説明が多くなる
(3)　グループ活動をさせる場合も，教員の指導したい内容や伝達したい知識を効率よくすべての児童生徒に定着させるために，グループを利用する（学級の児童生徒を小分けのグループにした後，グループ内で，できる児童生徒をリーダーにして，できない児童生徒に教えさせる）

(4) 児童生徒に思考させるよりも，教員が伝えたい知識を記憶させることに重点が置かれている

　このように，従来の教員の指導行動は，すべての児童生徒に一定の知識を効率よく獲得させることを目指したものです。しかし，その反面，児童生徒個々の思考活動や児童生徒間の思考の相互作用などが，十分に達成されにくいことがわかります。その結果として，学習活動をはじめとして，様々な活動面で，児童生徒の主体性と協同性が育成されにくくなってしまう危険性が生じます。

　リーヴら[1)2)]は，児童生徒の統制を志向する教員は，学習者の動機づけを喚起するための方法に関して特定の信念や態度を持っており，相互作用場面において，それらが具体的な教授行動として発現することを指摘しています。つまり，児童生徒の自律性支援を志向するためには，統制を志向する教員は，<u>教育目的を児童生徒に一定の知識を身につけさせることから，自律的に学習できる児童生徒の育成へ</u>と，"大きな意識改革"が必要なのです。

2 アクティブラーニング型授業の展開を目指す教員の指導行動とは

　では，汎用的能力（キー・コンピテンシー）をすべての児童生徒に育成するために，教員には，具体的にどのような指導行動が，すべての授業を展開する前提として必要になるのでしょうか。

　重要なのは，児童生徒が期待される学習内容を「**自ら獲得する**」ように支援することです。「自ら獲得する」という流れを通して，自ら学ぶ方法を身につけ，習慣化させていくのです。そのために，「"児童生徒自身が"思考活動を行うことと，適切なモデリングをすること」を支援することが求められます。

　以下に，5つの大きな方針を説明します。

〔1〕自律性支援を志向する

アクティブラーニング型授業を展開し，学習者の自律的で協同的な学習を促進する教員の指導行動は，学習者の自律性を支援する方向で対応することを目指します。児童生徒の自主性を尊重し，かつ，どのように学習を進めていくかについて，明確な道筋を示してやることによって，児童生徒は自己調整的に学習を進めていくことができます。

デシら[6]は，「自律性支援」とは，学習者の視点に立ち，学習者自身の選択や自発性を促すことであると指摘しています。つまり，次の2点が骨子になります。

(1) 学習者自身で自らの学習行動を決定する「自由度」の量を，担保してあげること
(2) 望ましい結果を効果的に達成する期待（できそうだという見通し）と方法について，指導者が学習者に与える情報の量と明瞭さを担保してあげること（構造化*）

自律性支援的な教員は，教員自ら答えや知識を伝えるのではなく，「児童生徒本人に考えさせるような質問を多く行う[8]」「オープンエンドな課題（教員による非限定的な発問）や認知的ギャップ（課題に対する教員の意図的な誤り）を使用することが多く，児童生徒による正誤判断を促して，児童生徒が自ら考えを深めていけるように働きかける発言が多かった[9]」ことが指摘されています。

カウンセリングでは質問技法をクライエントに能動的に用います。それは，クライエントが自分の感情面に直面できるようにするためです[10]。それを学習者の思考面に活用することもできます。

---

* 「構造化（structure）」という教授行動は，特定のやり方を強いるのではなく，児童生徒が自分自身で学習を進めていけるように課題の構造を明確にすることであり，問題の解き方に詰まった児童生徒に別の解き方を教えるなど，学習の仕方にガイドをあたえることです[7]。

第4章　アクティブラーニングで求められる教員の指導行動

　具体的には，教員は学習者に次のような質問をし，児童生徒に思考することを促すことが必要です。

①結論について問う
　「なぜ，これは〜なのだろうか？（〜ではなかったのだろうか？）」
　「この結論は，妥当性があると言えるのだろうか？」
②他の知識との関連を問う
　「この結果は，他の場面でも成り立つのだろうか？」
　「もし，条件がAではなくBだったら，どのような結果になったのだろうか？」
③課題の構造について問う
　「どのような条件が揃うと，この結果は成立するのだろうか？」
　「この現象の背景にある要因はなんだろうか？」
④次の活動に向けて問う
　「この試行結果で，どのような仮説が立てられるのだろうか？」
　「この結果は，一般化できるのだろうか？」

　このように，課題に取り組む児童生徒に質問することで，自分の思考活動に直面させ，刺激を与えてあげるのです。
　さらに，失敗して投げやりになったり，うまくいかなかったり，つまずいて思考がストップしている時こそ，カウンセリングの質問技法を活用することは有効です。
　「期待する結果を出すためには，何が欠けていたのだろうか？」
　「仮説が違っていたのかな？それとも，やり方がうまくいかなかったのかな？」
　「どこまではわかって，どこからがわからないのかな？」
など，冷静感をとりもどし，再び前向きに取り組めるように促していきます。
　また，チームワークがうまくいかないときなど，「どのようなルールを設定すれば，話し合いはスムーズにいくのかな？」という具合に，相手を

責めるのではなく，うまくいかない関係性の要因について考えるように促すことも必要です。

さらに，学級の話し合いなどの社会的な場面で，「そもそも，友情ってなんだろうか？」「全員のやりたいことが一致する目標はあるのだろうか？」という具合に，児童生徒の価値観を揺さぶるオープンエンドな質問も，協同意識の形成の際には求められます。

このような教員の質問は，繰り返しサポートされているうちに，やがて児童生徒が自問することができるようになり，自ら思考活動を深めていくことにつながっていきます。

また，自律性支援を志向する教員には，授業時に次のような行動の特徴があることが指摘されています（リーヴら[1)2)]をもとに筆者が解釈して作成）。

〔**自律性支援的な教授行動**〕
(1) 授業中に児童生徒の発言をじっくり聞く（聞くことに費やす時間が多い）
(2) 児童生徒がしたいと思っていることを，しっかりと尋ねる（教員の意図を押しつけることが少ない）
(3) 児童生徒に自分のやり方で取り組む時間を十分設ける
(4) 授業中，児童生徒に学習内容について発言を促し，話させる時間が多い
(5) 教材が見やすいように，児童生徒の座席をうまく配置する
(6) 教員が指示をするときは，なぜその指示をすることが必要なのか，理由を説明する
(7) 児童生徒の取り組みについて，改善や熟達について肯定的で効果的なフィードバックを伝える程度が多い
(8) 児童生徒の取り組みを後押しし，支え，励ます発言が多い
(9) 児童生徒がつまずいたときにどうすればよいか，ヒントを与えることが多い
(10) 児童生徒が発した質問や，コメント，提案に対して，応答的に対応する

⑪ 児童生徒の視点や経験を認める共感的な発言が多い

　このような教員の自律性支援が，児童生徒の動機づけを促進します[11]。つまり，学習課題に対する興味や楽しさといった内発的動機づけを向上させることが様々な研究でも指摘されています。授業で教員からの自律性支援を多く感じるほど，児童生徒の授業の内容に対する興味が高くなり[12]，児童生徒の自己調整学習方略の使用も向上させる[13)14)]のです。

　自律性支援的な教員のもとでは，学習者は自らのやり方で学習を進めていくことができます。そのため，学業面での困難に直面した際には，級友や仲間との相互作用の機会を一種のリソース（資源）として利用することで，学習に取り組むことができます。また，成績や順位を強調されることが少ないために，他者からの評価を気にすることなく（評価懸念による自尊心の低下に対する抵抗が少ない），積極的に級友や仲間と関わることができます[9]。

　さらに，自律性支援的な教員のクラスでは，自律的動機づけ（内発的動機づけなど）が高く，学業的援助要請の回避が低かったことが報告されています[15]。つまり，教員の自律性支援は，児童生徒個人の自ら学ぼうとする意欲を高め，学級内の級友や仲間との協同の学習活動を促します。

〔2〕対話を重視する

　「構成主義」は，知識は一人一人が自ら構成するものと考えます。一方，「社会構成主義」は，知識は社会的営みの中で構成するものと考えます（p. 34参照）。したがって，社会構成主義の教育観を一言で述べれば，「**教育とは対話**」です。社会構成主義は，「知識は人と人との関わりの中で，それぞれの学習者が自らの考えを持ち，それを道具となる『言語』を用いた『対話』をし合いながら学習を進める協同的な活動を行うことによって，他者と相互作用を行い，その過程の中で知識の再構成が可能となって，知識が構成されていく」と考える[16)17)18)]からです。

　これは，次のような考え方ともつながっていきます。

「近代工業化社会の学習観」では，知識の習得が目的になりますから，授業は児童生徒にとって知識の入力の場になります。それに対して，「知識基盤社会の学習観」では，知識を活用する中で身につく汎用的能力の獲得が目的になりますから，授業は児童生徒にとって既有の知識の出力の場になります。そして，個々の児童生徒が既有の知識や考えを，言語を通して出力し合い，交流し合って新たな知識や考えを創造していくことが対話ともいえるのです。

ただし，コミュニケーション能力の低下が危惧される現代の児童生徒に，いきなり授業で対話をしようと促しても，建設的なものになる可能性は低いものです。やはり，最初は，対話の前提になる「聴く」「話す」ことに関する意識とスキルを，最低限，身につけさせることが求められます（この点に関しては，p.149のCSS（学級生活で必要とされるソーシャルスキル）を高める方法に準じますので，そちらも参照してください）。

〈1〉 聴く

対話とは，決して単なる「話したいことを話したいだけ話すこと」ではありません。実はそれとは逆に，**「相手の話を聴くこと」**が大切です。とりあえず自分の話したいことを一旦留保しておいて，まずは相手の話すことを聴くことから，対話は始まります[19]。

対話の成立は，まずはよい聴き手が存在することから始まるものであり，聴くことこそが対話の基本です。「聴く」とは，受け身ではなく，話し手のメッセージ全体を的確に受け止め，解釈して，それを吟味して再組織化する積極的な行為です[10]。この点を児童生徒に理解させることが求められます。そして，話し手に，「受け止めてもらえた」という承認感が生起する聴き方が必要であり，基本的な「傾聴のスキル」を身につける，聴き合う力を高める，そのようなトレーニングが必要になります。

〈2〉 話す

話すことに関しても，聴くことと同様です。

自ら発言しない児童生徒の中には，発言したいことがあってもどのよう

に話したらよいかわからない，という理由を持つ場合が少なくありません。

したがって，最初は，話し方の雛型を教えてあげることも求められます。

「私は～と思います。なぜなら～だからです」

「私はAさんの意見に賛成です。その理由は～だからです」

「私は～まではBさんと同じ考えですが，～の点については～と考えます。その理由は～だからです」

以上のような雛型に当てはめて，話すトレーニングが必要になります。聴き方のトレーニングと「対」にして練習する機会を設定してもいいでしょう。

さらに，最初は，話させる前に，ノートに書かせてから取り組ませることも有効です。視覚化できるので，話す構成が理解しやすいですし，自信のない児童生徒には，当初はノートを読ませる形で取り組ませるのも許容範囲です。ノートに書くという行為は，直接的な対話を経て自己を見つめ直す「自己内対話」を促し，個々の児童生徒の思考の深化につながり，かつ，可視化できるので，学習後の省察にも応用ができます。

対話も，「同じ価値観を持つ者」との対話ではなく，「異なる価値観を持つ者」との対話であり，そうした異なる価値基準を持つ者の間でこそ対話が成立し[20]，ここに学習者同士の真の相互作用による学びが生じます。

つまり，学級の場合は，その学級内に「普遍化信頼に基づく人間関係」が構築されていることが不可欠になります。それがなければ，児童生徒は不安を抱え，類似性に基づく人間関係に閉じてしまい，考えの異なる他者と話し合おうとはしません。

瀬尾[5]は，相互対話型指導とは，学習者自身がつまずきを解決できるように，対話を通じて考えさせる指導であるとし，それを志向する教員には，授業時に次のような行動の特徴があることを指摘しています。

(1) つまずきを解決するための思考活動を教員と学習者が対話的に行う
(2) 学習者自身に思考活動の成果をまとめさせる機会を多く設定する
〔指導方略例〕

○どうすればまちがわないか尋ねる
○どのように考えたか説明させる
○教員の前で問題を解くように指示する

　つまり，児童生徒の答えが正解かどうかよりも，思考させること，その思考のプロセスを大事にしています。

　さらに，学習者自身につまずきを乗り越えさせるために必要な「思考スキルや知識」を獲得させる指導法として，市川[21)22)]が提案する「認知カウンセリング」の6つの基本技法が参考になります。認知カウンセリングでは，つまずいた問題が解けることだけを目標にするのではなく，学習者が学習観・学習方法を獲得していくことが目標とされます。

〔認知カウンセリングの6つの基本技法〕(市川[21)22)])

①自己診断

　　問題点をはっきりさせるというメタ認知を促す。

　　（例）どこがわからないのか，なぜわからないのか，言わせてみる

②仮想的教示

　　何となくわかっているという状態を自分で明確なものにしていく。

　　（例）ある概念や方法を「知らない人に教示するつもりで」説明させる

③診断的質問

　　学習者の理解度を診断する。

　　（例）どこまでわかっているかを試すための質問をしてみる

④比喩的説明

　　学習内容の意味理解を深める。

　　（例）概念の本質を比喩（アナロジー）で説明する

⑤図式的説明

　　学習内容の意味理解を深める。

　　（例）概念間の関係を整理して図式化する

⑥教訓帰納

問題側の難しさ，やり方の工夫，自分の思い違い・ミスなどを教訓として抽出する。
(例) 解いた後に「なぜ，はじめは解けなかったのか」を問う

〔3〕適切なモデリングができるように支援する

　教員は，「目標が漠然としていて適切なモデリングができない」「学習方略の効果的使用ができない」といった自己調整する力の未熟な児童生徒のために，熟達者のやり方の構成要素を見つけ，それによって見たり聞いたりしたことの練習方法をつくり上げることが求められます。

　前述したバンデューラ[23)24)]の社会的認知理論（p.26）は，社会的存在としての人間が，環境との相互作用の中で行動を変容させていく過程を理論化したものでした。「個人的作用（思考，信念）」「環境」「行動」の三者の相互作用として人間の機能を考え，人が，どのように，行動や環境に，思考や信念で働きかけるかを明らかにしたものです。そして，そのバンデューラの理論の中でキーとなる一つが**モデリング**（modeling）です。

　モデリングは，観察者が，1つかそれ以上のモデルから，思考，信念，行動を示された後で，観察者自身のそれぞれ（思考，信念，行動）を形成する過程であり，リテラシー，スキル，信念，態度，行動を獲得する大切な方法でもあります[25)]。つまり，教員や仲間などのモデルを観察することによる認知，感情，行動の変化ともいえます。モデリングによる観察学習は，「注意」「保持」「産出」「動機づけ」の4つの過程からなります[25)]。

①**注意**（モデルの行動に目を向ける）
　　モデリングは観察者が関係のある環境事象に注意しないと生じない。
②**保持**（モデルに関する情報を記憶に貯蔵しておく）
　　観察者が記憶に蓄えているモデルの情報を内的にコード化し転移する。その際，情報を認知的に組織しリハーサルすることが必要。
③**産出**（観察したモデルの行動を自身の行動に移す）
　　モデルがやってみせた表面的行動だけではなく，事象の心的概念を

実際の行動に移行する。
④**動機づけ**（観察した行動を実行するための動機づけ）
観察学習によって，観察者はモデルが学習できる（行動できる）のなら自分も同じようにできると信じるようになり，学習が生じる（行動するようになる）。

この4つの過程それぞれに，教員の自律性支援的なサポートが求められるのです。

モデリングによって発達していく自己学習能力には，4つの段階があります[26]。

①**観察的レベル**
他者の学習行動を観察することによって，スキルや方略を身につけていく。
②**模倣的レベル**
モデルの学習行動をそのまままねるだけでなく，モデルのより一般的な学習のスタイルや型を模倣する。
③**セルフコントロールされたレベル**
モデルを観察することなく独自にスキルや方略を用いることができるようになっていく。
④**自己調整されたレベル**
自身の置かれた文脈や状況に応じて，獲得してきたスキルや方略を適切に調整しながら用いることができる。

「社会的認知モデル」を提唱したジマーマン[27][28]は，他の研究者とともに，生徒たちが学習の目標に取り組み続けるのに必要なスキルを教えるための指導法を開発し，学習に関する効果的な方法を児童生徒に内面化させ，児童生徒の効力感を高める方法として，次の(1)(2)を考案してきました。

(1) 教員が自己調整していた活動が，児童生徒間の協同的な調整活動へ

と移行していく
(2) 児童生徒が教員の計画作成やモニタリング,評価の方法を内面化し,自分自身でそれができるようになる

((2)は内在化されるということで,最初は自己の外部にあった価値や調整を自身の中に取り込み,自己と統合していくことです)

(1)では「観察的レベル」「模倣的レベル」のモデリングが活用され,(2)では,「セルフコントロールされたレベル」と「自己調整されたレベル」のモデリングが活用されているものと考えられます。

つまり,(1)(2)のプロセスで,教員が児童生徒に対して,「自律性を促す」ことと「スキルを教える」ことの両方に取り組むことが大事なのです。さらに,教員の指導は,児童生徒が「強制されている」のではなく,「**自律的動機づけを育まれている**」と受け取るものでなければなりません。

最終的な目標は,活動それ自体を目的として,興味や楽しさなどのポジティブな感情から動機づけられている状態で,行動の開始,維持において外的要因を必要としない内発的動機づけでできるようになることです[29]。

また,望ましい**自己調整**は,「はじめは対人的なもので,しだいに自己指導的なものになる」ことが大事で,「教員と始め,終わりは自分で」が合言葉になります[27][28]。つまり,「外発的調整」を「内的な自己調整」へと変換するために,児童生徒が自律性を維持しつつ,その自律性を教員やモデルからサポートされることが大切なのです。

〔4〕学習者同士の相互作用を活性化させる

学習者が学び合うためには,活発な相互作用が生まれるような関わり合いが不可欠です。そのための支援として,3つの方針を説明します。

〈1〉学習者の関与を強化する

シュルマン[30]は,「学習は,学生の関与から始まる」として,学業や大学でのアカデミックな経験に対する学生の関与(involvement or engagement)が大きくなればなるほど,学生の知識獲得や一般的な認知発達のレベルも大きくなる[31]ことを指摘しています。では,どうすれば,学習者たちの学習に対する関与を強化することができるのでしょうか。

それには,ブロフィ[32]の**期待×価値モデル**(expectancy-value model)が参考になります。

同モデルは,人が課題に注ぐ努力は,「課題をうまくやり遂げられるか」という期待の程度(期待),および,「課題それ自体をやり遂げるプロセスに関与する機会と報酬にどのくらいの価値をおくか」という価値づけの程度(価値)の産物である,とするものです。

つまり,教員は,次の2つの支援を同時にすることが求められます。

(1) 学習課題を学習者の個人的な知識や経験と結びつくようにして理解させたり(精緻化),課題解決ができた場合のメリットや意味を理解させ,学習者自身のものにすることで取り組む価値を高める
(2) 学習課題の内容を構造化して,学習者が取り組みやすいようにカテゴリーに分類したり(体制化),シェーピング(易しい内容から徐々に難しい内容に至るように構成する)して,できそうだという期待を高める

この(1)(2)を,児童生徒の実態に応じて,具体的に取り入れていくことが求められるのです。

〈2〉グループ活動を取り入れる

学習者が他のメンバーと何かをすることで,あることに気づいていく相互作用が生まれるものが「**グループ活動**」です。したがって,学習者の興味・関心を強く引き出すグループ活動,単に学習者個人の学びで終わるのではなく学習者の相互作用を生み出すグループ活動が望ましいといえます。そのためには,学習者たちのレベルと学級集団の状態にマッチさせることが必要です。

授業で取り上げる「グループ活動」は,児童生徒の既有の知識を活用さ

せることを目的にしていますから，次の点を満たしているものが望まれます。

(1)　2つ以上の既有の知識や技能が含まれ，多様な思考が生まれるもの
(2)　日常生活の中の問題解決が含まれるなど，児童生徒の興味・関心の高い内容を含むもの
(3)　複数の資料・条件を比較検討して，考えることができるもの，表現が求められるもの
(4)　思考の型（帰納法，消去法や三段論法など）が活用できるもの

さらに，相互作用を引き出すグループ活動として，協同学習の技法が参考になります。バークレイら[33]は，話し合い，教え合い，問題解決，図解，文章完成の5つのカテゴリーに分け，30の技法を示しています。

しかし，協同学習の技法を型どおりに授業に導入しても効果は少なく，同じ技法を使っても，教員の指導力によって，その効果は異なることが指摘されています。

安永[34]は，教員には，「学習者や学級集団の実態に応じて，どの技法を選択し，アレンジして導入するか」という，臨機応変に対応できる指導力が求められ，「対象把握スキル」「対象変容スキル」「実践応用スキル」などの指導スキルが必要なことを指摘しています。各指導スキルの内容は以下の通りです。

①対象把握スキル
　授業全体を把握し，そこに隠されている問題を発見し，認識するスキル

②対象変容スキル
　授業で発見した問題や課題を解決する具体的なスキル（協同学習の技法を運用する能力も含む）

③実践応用スキル
　対象把握スキルと対象変容スキルを，日々変化する授業の中で適切に

使い,授業目標の達成を導くためのスキル

つまり,協同学習の技法は,学級の児童生徒たちの実態に応じてアレンジして,展開に応じて柔軟に運用しなければ,効果は少ないということなのです。

児童生徒が既有の知識を協同で活用することは,難しい取り組みです。ICT の操作を通して考える活動や,学習過程にそったワークシートの活用などを積極的に取り入れて,活動を通した思考活動が楽しくなる工夫が,切に求められます。

〈3〉 **思考の外化の工夫をする**

協同学習では,「学習者同士が,お互いの理解状態を意識しながら,より適切なアドバイスを考え,教え合うことにより,理解が促進される」「自他の学習過程を意識し,その変化を実感できる学び合いを通して,主体的かつ能動的な学びが展開する」といった授業が求められます[35]。アクティブラーニング型授業も同様です。

そのためには,学習者同士の相互作用を活性化させるために,個々が考えていることが相手に伝わるように「**可視化させる**」ことが求められます。外化とは,自らの考えやアイデアを発話,文章,図式化,ジェスチャーなどの方法で外に可視化させることです。

外に可視化させることにより,思考が操作の対象となり,学習者たちは理解の不十分さに気づき,正確さを補うことにつながったり(わかったつもりになっていた点が,明確に理解される),その知識についての新しいつながりを発見したりと,操作する活動を通して,学習者同士の相互作用は活性化していきます。外化させる手段としては,ホワイトボードや電子黒板などの IT 機器を積極的に活用していくことが求められます。

また,ポートフォリオ評価を用いて振り返らせることも有効です。学習のプロセスが可視化され,達成感や自己有能感を高めることもできます。

ポートフォリオとは,児童生徒が学習した履歴にそって,ファイルに整理した資料や作品などです。

〈4〉学習者同士，グループ同士の交流を促す支援をする

　学習者同士やグループ間の交流が停滞し，建設的な相互作用が喚起されていないようなときは，相互作用が生まれるように，教員は能動的に働きかけることが必要です。

　教員が，「**つなぐ**」「**もどす**」対応をして，相互作用を活性化させることは有効です。これは，佐藤学氏が提唱する「学びの共同体[36]」の実践をしている教員たちを中心に全国に広がり，現在では学校現場で幅広く取り組まれている実践です。例えば，筆者も参加した鹿児島の小学校の公開研究会[37]でも，「問いをもち，主体的に学ぶ子どもを育てる授業づくり」の支援として，積極的に取り入れられていました。具体的には次のような対応が学校現場ではよく見られるものです。

A.「つなぐ」対応の例[37]

①他の学習者やグループの思考活動をつなぐ
　「A君は〜と言っているけど，それについて，B君はどう考えているのかな？」
　「このグループは○○という結論に至ったようだけど，こちらのグループはどうかな？」
②共通点を可視化させ，人と人（グループとグループ）をつなぐ
　「A君とB君の意見は○○という点で共通しているね」
　「A君はデータの分析から検討し，B君は資料の読み深めから検討しているけど，二人で話し合ってみるとより深い考察ができて面白いのではないかな」
③一つのグループの考えを学級全体につなぐ
　「Cグループはユニークな発見をしたようだけど，みんなに伝えてくれないかな？」
④グループ間の思考の対立軸を明らかにし，学級全体につなぐ
　「多くのグループが考えていることは，○○がキーワードになって

いるようですね」
⑤教材と学習者をつなぐ
「今回の結果を先週配布された資料をもとに検討してみたらどうかな？」
⑥前時の学習内容と本時の学習内容をつなぐ
「今回の導いた結果は，先週までの結果と比べて，一貫しているのかな？それとも矛盾している点があるのかな？」

以上の対応が，筆者が学校現場の授業を参観させてもらう中で，よく目にする教員の代表的な支援です。

このとき，その学習者やグループが持つ問いを，教員が答えてしまってはダメなのです。例えば，「先生，こういうケースのときはどうすればいいですか？」と質問されたら，それについて教員が答えるのではなく，「Dさんは○○についてわからなくなっているようだけど，誰かこの疑問に答えられるかな？」と他の学習者やグループにつなげていくのです。

「つなぐ」ことと同じように，つないだ考えを，またもとの学習者やグループに「もどす」ことも支援として有効です。これも学校現場で幅広く活用されているものです。

B.「もどす」対応の例[37]

①思考活動を学習者やグループにもどす
「こういう意見もあるけど，こちらのグループはどう考える？」
②思考活動を深める方向に促すために資料やテキストにもどす
「君たちのグループの結論は，何を根拠にそう思ったの？根拠となるものは何かな？」

特に，アクティブラーニング型授業の導入期においては，能動的に教員の「つなぐ」「もどす」支援は効果的です。

〈5〉学び合い活動を取り入れる

　第3章でも取り上げましたが，学習者は，自分と同じような能力で，最初はできなくても努力してできるようになったプロセスを知っている友人を，積極的にモデリングする傾向があります。かつ，自分もやればできるという自己効力感も高まります。この作用を積極的に活用したのが，児童生徒同士の学び合い活動です。従来から，学校現場で取り入れられている教育技術です[37]。

　学び合い活動は，教員が授業内で達成すべき課題を提起して，学級内の全員がその課題を達成するために，他の児童生徒に疑問点を聞いたり，あるいは，解決した児童生徒がわからない児童生徒に教えたりする交流活動です[37]。学び合い活動の成果のポイントは，「A. 課題設定」と，「B. 学び方・教え方のルール」「C. 児童生徒の良好な人間関係」です。

A. 課題設定

　最終的に，すべての児童生徒が達成できる課題が望ましいです。
　例えば，1単位の授業の構成で，学び合い活動に30分の時間をとるのでしたら，学級内で学力の高い上位2割位の児童生徒が，10分位で課題達成できるレベルのものが妥当です。なお，一人で考える時間はしっかり確保する必要があります。難しすぎてもダメですし，簡単すぎても意欲が喚起されません。

B. 学び方・教え方のルール

　「単に答えだけを教えてもらう（依存的な援助要請）」ことや，「手続きのみ（例えば，平行四辺形の求積法で公式に数字を入れる代入操作の算出法）を教えてもらう」ことを「教える」とするのではなく，「考え方を教えてもらう（自律的援助要請）」ことを「教える」とする，をルールにします。その結果，教える児童生徒も**仮想的教示**（p. 116参照）のトレーニングになります。

C. 児童生徒の良好な人間関係

　学級内の児童生徒の人間関係は，学び合い活動に対して決定的な影響力を持ちます。不安が強い学級では，いつものグループのメンバーとしか関わりません。少し発展して，同性同士で関わるというところまでが限界になるケースもあります。他にもっと学べる級友，教えてあげるべき級友はいても，学級内の人間関係の壁で交流できない形です。ここで，学級集団づくりが大きな意味を持ってきます。

　授業での学び合い活動の前に，朝のホームルームで，簡単な学習ゲームみたいなものを学び合いによりやるなどして，小さな協同体験を積み重ねていきながら，対人不安を軽減し，学び合うスタイルのレディネスを高めていくのも有効です。

　児童生徒たちがある程度，学級内のいろいろなメンバーと関われるようになったら，課題解決した児童生徒が可視化されるしくみを設定すると，スムーズな活動につながります。誰が達成しているかがわからなければ，学びには行けず，逆に，誰が達成していないのかがわからなければ，教えに行くこともできないからです。

　小中学校では，全児童生徒の名前を書いた磁石のネームプレートがあり，それを黒板に貼ってストックしてあると思います。それを用いて，課題達成した児童生徒は，自分のネームプレートを，定められた場所に貼るという目印をつければ，全員が一目瞭然になります[37]。そうすれば，未達成の児童生徒は誰に聞きに行けばよいかがわかり，課題達成した児童生徒は，おとなしい未達成の児童生徒にも声をかけやすくなります。

　小学校では，学び合い活動を取り入れる教員は，いろいろな教科（体育や音楽，家庭科も含めて）で取り組むことが多いようです。特定の教科だけで取り入れると，その教科の得意不得意があり，教える者と教えられる者が固定化して，全体的に徐々に意欲が低下してしまうからです。

　この取り組みは，支え合い，学び合いのある「学級集団」づくりにもつながっていきます。

〔5〕実践共同体の作用を活用する

　学級集団内で児童生徒が学習するものは，学級集団内のメンバー間の相互作用の中で自ら獲得することが目指されるものであり，実践共同体の中で獲得される学習です。それらを，日々の学級集団でのリアルな生活や様々な活動（学習活動も含みます）の文脈の中から，能動的に関与し級友たちと交流することを通して，必要なものに気づき，自ら学び取ってほしいのです。例えば，グループ活動を建設的にする立ち振る舞い方，他者への気遣い方などです。そして，その文脈の流れにそって，自律性支援的な対応が求められます。

　実践共同体である学級集団の中で児童生徒が体験学習するものは，状況に埋め込まれた知識となっているものであり，体験をしても，意味ある内容を獲得できない児童生徒も少なくありません（p. 32～42参照）。

　体験をこれからの考えや行動に生かせる経験として蓄積していくためには，体験と経験をつなぐ部分に，教員のさりげないサポートが必要になります。関わっている取り組みの中から，特定の内容を意識して観察させ，学び取った内容を自分でもできるように，手助けしながら，実際に行動させて，最終的に一人で自発的にできるように導く，といった支援です。

　ブラウンら[38]が指摘する認知的徒弟制による指導方略の3つの要点，**モデリング**（modeling），**コーチング**（coaching），**フェーディング**（fading）（p. 38参照）は，詳細には，次のような段階を踏みます。これは，児童生徒の自己調整学習を支援する教員の指導行動にも類似したものであり，教員の指導行動として参考になるものです。

①**モデリング**（modeling）
　　教育者がまず学習者にデモンストレーションを見せる。
②**コーチング**（coaching）
　　教育者は学習者に実際にその技能を練習させ，その様子を観察しながらフィードバックをする。

③**スキャフォールディング**（scaffolding）
　学習者にさらに様々な作業に挑戦させる。教育者はその作業の難易度に合わせて足場をつくって手助けをする。
④**フェーディング**（fading）
　③の段階の学習者の成長に伴って、教育者は徐々に支援を減らしていく。
⑤**アーティキュレーション**（articulation）
　教育者は学習者の学びを確実なものにするため、学習者の技術や思考を言語化させる。
⑥**リフレクション**（reflection）
　教育者は、学習者自身の活動内容について振り返りを促す。
⑦**エクスプロレーション**（exploration）
　教育者は、次の課題を自主的に探索するよう学習者に考えさせる。

　このような支援を通しての学びも、学級集団が児童生徒にとって、「支え合い」「学び合い」「高め合い」がある状態の学級であるかどうかが大きな影響を持ちます。児童生徒は目の前の学習内容だけではなく、背景にある学級集団の雰囲気や人間関係のあり方も含めて学んでいくからです。
　ただし、実践共同体は固定したものではなく、常に変化していくものです。より学び合いが生起する学級集団の状態になるように、教員は働きかけていかなければなりません。その意味でも授業は大事です。授業は学級生活で最も多くの時間を費やす集団活動だからです。授業づくりは、学級集団づくりにつながっていきます。
　そして、実践共同体での学びの中でも、授業は活動が構成しやすいものです。学習活動のルールを設定したり、CSS（学級生活で必要とされるソーシャルスキル、p.149参照）も計画的に活用しやすいという利点があります。
　さらに、学習グループをうまく構成して、普段関わりの少ない児童生徒同士の接点を持たせることもできます。また、相互にいきなり正対させるのではなく、資料や教材に一緒に向き合うことで、協同学習ができるとと

もに，徐々に対人交流も広げ，深めていくことも可能になります。こういう点も，教員は意識して支援していくことが求められます。

〔6〕求められる支援・対応

前述の5つの方針のポイントを整理すると，アクティブラーニング型授業を展開し，学習者の自律的で協同的な学習を促進する教員の指導行動は，次の5点が担保されていることが求められます。

(1) **学習者の多様性を尊重し**（個人にあった学習活動を尊重する），**主体的な学習活動を支援する方向で対応する**
(2) **学習者の思考するプロセスに焦点をあてて支援する**
(3) **学習者が自己調整学習する能力を獲得できる方向で対応する**
(4) **学習者たちの協同意識と行動を高め，相互作用を活性化させ，モデリングが促進されるように支援する**（普遍化信頼感と学級集団の目的が共有された中で，ゆるやかな開かれた人間関係があること）
(5) **学びのある実践共同体の学級集団で**，リアルな生活や様々な活動（学習活動も含みます）の文脈の中から，**能動的に関与することを通して，必要なものに気づき，自ら学び取れるように対応する**

3 学習指導と生徒指導との関連

協同学習の効果として，安永[35]は，1つの授業科目で，「認知的側面」と「態度的側面」が同時に獲得できる（認知と態度の同時学習）ことを指摘しています。これまでは，科目の学習指導は授業時間内で，それ以外の訓育的な生徒指導は授業時間外で行うものである，という認識がありましたが，協同学習では，学習指導と生徒指導が1つの授業の中で実現可能であることを指摘しています。つまり，<u>学習指導と生徒指導は最終的に統合されるものと考える</u>わけです。

自己調整学習は，単に独力で学習を進めることではなく，**仲間や教員との相互作用の中で自律的に学習を調整していくこと**です。ですので，個人内のみではなく，社会的側面での行動を自己調整する能力や動機づけが重要です。自己調整学習に関する生徒支援の具体的な研究は膨大なものがありますが，ここでは次のような知見を押さえておきたいと思います。

　学習者が学習をうまく進めていくためには，学習に直接関係する学習面だけではなく，仲間や友人と肯定的な関係を築くなどの社会的な面でも，自己調整ができるようになることが求められます。

　学習に直接関係する認知的プロセスと動機づけプロセスを活性化させるだけではなく，仲間や友人と肯定的な関係を築くなどの社会的な面でも，認知的プロセスと動機づけプロセスを活性化させることが求められます。

　パトリック[39]は，「**肯定的な仲間関係**」と「**学業達成や学習意欲**」との間に関連がみられるとし，学習場面における自己調整と社会的場面における自己調整が背景に共通のプロセスを持っているためである，と説明しています。学習を自己調整する能力と肯定的な仲間関係に影響する社会的な自己調整能力は，高次の自己調整能力を共有していることを指摘している

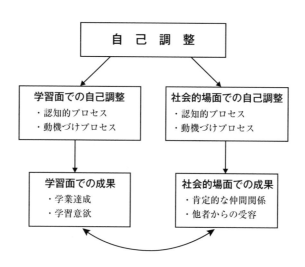

図4-1　学習面と社会的場面における自己調整[39]

のです。

　学習場面における自己調整と社会的場面における自己調整の背景に共通する高次の自己調整能力があるため，学習場面でうまく自己調整を行える児童生徒は，社会的場面においても自己を調整しながら適切に他者と関わることができます（図4-1）。そして，その結果として，学業達成や学習意欲と肯定的な仲間関係との間に関連が生じているのです。

　つまり，汎用的能力（キー・コンピテンシー）は，学習場面だけではなく，社会的場面でも必要な能力になってくるのです。そのためにも，児童生徒の汎用的能力を育成するために，アクティブラーニング型授業を展開するということは，p.44の図1-6「日本の学級集団と学級経営」で示した「学級集団で展開される教育はトータル」であるという意識のもとでの学級経営と，p.20の図1-2「アクティブラーニングの実質化の要素」で示した，授業での「自律性支援」と「学級集団づくり」が一貫した教員の指導行動が，切に求められてくるのです。

【文　献】

1) Reeve, J. (2006). Teacher as facilitators : What autonomy supportive teachers do and why their students benefit. *The Elementary School Journal*, 106, 225-236.
2) Reeve, J., Ryan, R. M., Deci, E. L., & Jang, H. (2008). Understanding and promoting autonomous self-regulation : A self-determination theory perspective. In D. H. Schunk & B. J. Zimmerman (Eds.), *Motivation and self-regulated learning : Theory, research, and applications.* Mahwah, NJ : Lawrence Erlbaum Associates, pp. 223-244.
3) 三隅二不二 (1984). リーダーシップ行動の科学. 有斐閣.
4) Vermunt, J. D., & Verloop, N. (1999). Congruence and friction between learning and teaching. *Learning and Instruction*, 9, 257-280.
5) 瀬尾美紀子 (2008). 学習上の援助要請における教師の役割——指導スタイルとサポート的態度に着目した検討. 教育心理学研究, 56, 243-255.
6) Deci, E. L., & Ryan, R. M. (1987). The support of autonomy and the control of behavior. *Journal of Personality and Social Psychology*, 53, 1024-1037.
7) Sierens, E., Vansteenkiste, M., Goossens, L., Soenens, B., & Dochy, F. (2009). The synergistic relationship of perceived autonomy support and structure in the prediction of self-regulated learning. *British Journal of Educational Psychology*, 79, 57

-68.
8) Turner, J. C., Meyer, D. K., Midgley, C., & Patrick, H. (2003). Teacher discourse and sixth graders' reported affect and achievement behaviors in two high-mastery/high-performance mathematics classrooms. *The Elementary School Journal*, 103, 357-382.
9) Ames, C. (1992). Classrooms: Goals, structures, and student motivation. *Journal of Educational Psychology*, 84, 261-271.
10) 福島脩美・田上不二夫・沢崎達夫・諸富祥彦（編）(2004). カウンセリングプロセスハンドブック. 金子書房.
11) Ryan, R. M., & Deci, E. L. (2009). Promoting self-determined school engagement: Motivation, learning, and well-being. In K. R. Wentzel & A. Wigfield (Eds.), *Handbook of motivation at school*. New York: Routledge, pp. 171-196.
12) Tsai, Y. M., Kunter., M., Ludtke, O., Trautwein, U., & Ryan, R. M. (2008). What makes lessons interesting? The role of situational and individual factors in three school subjects. *Journal of Educational Psychology*, 100, 460-472.
13) Vansteenkiste, M., Sierens, E., Soenens, B., Luyckx, K., & Lens, W. (2009). Motivational profiles from a self-determination perspective: The quality of motivation matters. *Journal of Educational Psychology*, 101, 671-688.
14) Young, M. R. (2005). The motivational effects of the classroom environment in facilitating self-regulated learning. *Journal of Marketing Education*, 27, 25-40.
15) Shih, S. (2009). An examination of factors related to Taiwanese adolescents' reports of avoidance strategies. *The Journal of Educational Research*, 102, 377-388.
16) Gergen, K. J. (1994). *Realities and relationships: Soundings in social construction*. Cambridge, MA: Harvard University Press. 永田素彦・深尾誠（訳）(2004). 社会構成主義の理論と実践——関係性が現実をつくる. ナカニシヤ出版.
17) Gergen, K. J. (1995). Social construction and the educational process. In L. Steffe & J. Gale (Eds.), *Constructivism in education*. Hillsdale, NJ: Lawrence Erlbaum Associates, pp. 17-39.
18) Gergen, K. J. (1999). *An invitation to social construction*. CA: Sage. 東村知子（訳）(2004). あなたへの社会構成主義. ナカニシヤ出版.
19) 中原淳・長岡健 (2009). ダイアローグ——対話する組織. ダイヤモンド社.
20) 佐藤公治 (1999). 対話の中の学びと成長. 金子書房.
21) 市川伸一（編著）(1993). 学習を支える認知カウンセリング——心理学と教育の新たな接点. ブレーン出版.
22) 市川伸一（編著）(1998). 認知カウンセリングから見た学習方法の相談と指導. ブレーン出版.

23) Bandura, A. (1986). *Social foundations of thought and action : A social cognitive theory*. NJ : Prentice Hall.
24) Bandura, A. (2001). Social cognitive theory : An agentic perspective. *Annual Review of Psychology*, 52, 1–26.
25) Bandura, A. (1977). *Social learning theory*. Englewood Cliffs, NJ : Prentice Hall.
26) Schunk, D. H. (2001). Social cognitive theory and self-regulated learning. In B. J. Zimmerman & D. H. Schunk (Eds.), *Self-regulated learning and academic achievement : Theoretical perspectives*. NJ : Lawrence Erlbaum Associates, pp. 125–151.
27) Zimmerman, B. J. (2000). Attaining of self-regulation : A social cognitive perspective. In M. Boekaerts, P. Pintrich, & M. Zeidner (Eds.), *Handbook of self-regulation*. San Diego, CA : Academic Press, pp. 13–39.
28) Zimmerman, B. J. (2008). Goal setting : A key proactive source of academic self-regulation. In D. H. Schunk & B. J. Zimmerman (Eds.), *Motivation and self-regulated learning : Theory, research, and applications*. New York : Lawrence Erlbaum Associates, pp. 267–295.
29) Deci, E. L., & Ryan, R. M. (1985). *Intrinsic motivation and self-determination in human behavior*. New York : Plenum Press.
30) Shulman, L. S. (2002). Making differences : A table of learning. *Change*. 34 (6). 36–44.
31) Pascarella, E., & Terenzini, P. (1991). *How college affects students*. San Francisco, CA : Jossey-Bass.
32) Brophy, J. E. (2010). *Motivating students to learn*. 3rd ed. New York : Routledge.
33) Barkley, E. F., Cross, K. P., & Major, C. H. (2005). *Collaborative learning techniques : A handbook for college faculty*. San Francisco, CA : Jossey-Bass.
34) 安永悟 (2012). 活動性を高める授業づくり――協同学習のすすめ. 医学書院.
35) 安永悟 (2015). 協同による活動性の高い授業づくり――深い変化成長を実感できる授業をめざして. 松下佳代・京都大学高等教育研究開発推進センター (編著) ディープ・アクティブラーニング. 勁草書房.
36) 佐藤学 (2006). 学校の挑戦――学びの共同体を創る. 小学館.
37) 鹿児島市立山下小学校 (2015). 問いをもち, 主体的に学ぶ子どもを育てる授業づくりⅡ――自己の変容を実感できる学習指導. 平成 27 年度 鹿児島市立山下小学校公開研究会紀要.
38) Brown, J. S., Collins, A., & Duguid, P. (1989). Situated cognition and the culture of learning. *Educational Researcher*, 18 (1), 32–42.
39) Patrick, H. (1997). Social self-regulation : Exploring the relations between children's social relationships, academic self-regulation, and school performance.

Educational Psychologist, 32, 209–220.

第5章

現状の学校現場で
アクティブラーニング型授業に取り組んでいく指針

　ここまで，第1章では，知識基盤社会で求められる学習者の，「**【一定の知識 ∪ 汎用的能力（自ら学習する能力 ∪ 協同の意識・行動様式）】を，自ら獲得する**」にふさわしい学習活動の概要について取り上げ，その方法として注目されているアクティブラーニングについて説明しました。

　そして第2章では，そのとき必要とされる**学習集団／学級集団の状態**を書いてきました。さらに，第4章では，そのとき求められる**教員の指導行動**を解説しました。

　ただ，この理想のアクティブラーニングの展開の効果を大きく左右するのは，やはり，第3章で解説した**学級集団づくりの問題**だと思います。

　大学でのアクティブラーニング型授業の質を高める工夫は，学生のアクティブラーニングのための学習環境の整備などで進められています。例えば，教室の規模を40～50人用にする，固定式の椅子を廃止して議論しやすい円テーブルなどを導入する，無線LANやディスプレイ・電子黒板などの情報環境を整備する，などです。

　しかし，アクティブラーニングで重要なのは，学習者の主体的な学習参加と学習者同士の能動的な相互作用による学習が生起されることです。学習環境の整備やグループワーク，ディスカッション，プレゼンテーションなどの活動を組み込んだ授業形態の取り入れは，あくまで手段です。

　日向野[1]は，実際に授業でアクティブラーニングを進める際には，学習者が安心して自分の考えや意見を発言できる，学習者同士が率直に交流で

きる一定のルールの共有と人間関係があるような学習集団の環境が前提になることを指摘しています。そして，教員がアクティブラーニング的な授業を試みる際は，はじめにしっかりした教室環境支援を行う必要があることを指摘しています。例えば，「学習者が見当違いの発言をしたとしても個人的に批判されない」「異なる見解のグループ同士が建設的に話し合うことができる」といった学習集団の人間関係の環境整備が必要であり，課題でもあります[1]。

さて，第3章では，アクティブラーニングが活発に行われる状態の学級集団は，大きく次の2段階で，発達し形成されていくことを確認しました。

①一定の安定がある段階

個々のメンバーが相互に関わりながら，「個人の自律」と「普遍化信頼」の獲得，「学級の目的の共有化」を目指します。その結果，学級が集団として，規律と開かれた親和的な人間関係を確立していきます。教員のリーダーシップ（役割は変化し，最後は児童生徒に委任される）のもとで協同活動ができ，一定の安定を得た状態の段階です。

②柔軟に変化できる段階

高いレベルの「個人の自律」と「普遍化信頼」と「学級の目的の共有化」をもとに，個人の考え，メンバー間の相互作用が大事にされることが前提です。そのような状態から生まれた自由な発想を，積極的に全体の考えとして取り入れていきます。そして，より個人として集団として向上するために，「一定の安定がある段階」から学級集団は柔軟に形態を変化させながら，全体で協同活動ができる状態になる段階です。

しかし，「一定の安定がある段階」に至るまで，筆者がp.95でも指摘している「学級集団づくりのゼロ段階」において，学校現場の各学級で，多くの教員たちが苦労していることだと思います。学校教育は，学習活動だけではなく生徒指導や特別活動もあり，インクルーシブ教育の推進も力が注がれています。このような中で，学級集団の状態が「一定の安定があ

る段階」に至るまでも，学習活動，すなわち授業は進めていかなければなりません。そして，授業は学級内のすべての児童生徒が参加する集団活動であり，「授業づくり」と「学級集団づくり」は同義です。

1 アクティブラーニング型授業を実施する際の学校現場の難しさ

　理想のアクティブラーニングを展開するには，「学習者個人が達成すべき課題とチームワークのあり方の課題」と「学級集団が達成すべき課題」がありますが，その課題を達成することは，なかなか難しいです。

〔1〕学習者個人が達成すべき課題

　この前提として，学習者の自律性と他者を尊重する態度（最終的に「普遍化信頼」につながる）が問われます。大学では授業ごとに履修する学生たちと授業履修について，しっかり契約（評価の仕方，参加の仕方，期待される取り組みなど）し，その上で展開されることが一般的です。また，アメリカの学校現場でも，契約意識が日本よりも高い（契約違反の行動にはペナルティがあるなど）です。しかし，日本の公立の小・中学校では，児童生徒はセレクトされておらず，本課題の前提である児童生徒の自律性と他者を尊重する態度の最低限のレディネスを満たせるのかが問題になります。
　そこで，児童生徒の自律性と他者を尊重する態度から生まれる学級での全体の学習活動に対してとりうる態度として，次の7段階で考えてみたいと思います。学級には，様々な段階の児童生徒たちがいます。

〔学級での全体の学習活動に対してとりうる態度〕
0：無関係
　　学級での全体の学習活動に賛成でも反対でもない。興味やエネルギーがなく，学級に形式的には所属しているが帰属意識は全くない。欠

席も多く，グループ活動に参加する意欲もない。

1：拒否

　学級での全体の学習活動に利点を認めていない。教員から指示されても行動しない。グループ活動にも意識的に参加を拒否することが多い。逸脱行動を頻繁に行う。

2：不従順

　学級での全体の学習活動の利点を認めていないが，強く叱責されたくないので，言われたことはする。自分が乗り気でないことを周りに行動や態度で示し，周りの児童生徒の意欲もマイナスの影響を受ける。

3：形式的参加

　学級での全体の学習活動の利点は認めているので，期待される最低限はするが，それ以上はしない。言われたことだけを最低限だけしようとし，グループ活動でもフリーライドしがちである。

4：従順的参加

　学級での全体の学習活動の利点，期待される行動は理解している。割り振られた役割に対しては，言われたことだけはきちんとできるが，それ以上を工夫してやるということはない。集団の和を乱すような言動はとらない。

5：同一化的動機による参加

　学級での全体の学習活動の成果を望み，現状の中でできることで協力することができる。係活動の役割でも，進んでみんなのためにできることを工夫して取り組むことができる。自分で仕事を見つけて仕事をすることができる。他のメンバーと積極的に協同活動ができる。

6：内発的動機による参加

　学級での全体の学習活動のより高い成果を強く望む。成果を達成することに関連することを内発的に学習して，新たな提案ややり方を工夫して主体的に取り組み，かつ全体に提案しながら行動する。他のメンバーを積極的に建設的にまきこんでいくことができる。

第5章　現状の学校現場でアクティブラーニング型授業に取り組んでいく指針

　次期学習指導要領では，「近代工業化社会の学習観」から「知識基盤社会の学習観」に，学習目標が変わり，それに見合った，学習者に求められる行動・態度と，学級集団の状態があります。

> 「近代工業化社会の学習観」のもとでの学習者は，
> **「一定の知識」を教員の指示に従って理解し身につける**
> 　　　　　　　　↓
> 「知識基盤社会の学習観」のもとでの学習者は，
> **「アクティブな学びを取り入れた授業を通して，【一定の知識 ∪ 汎用的能力（自ら学習する能力 ∪ 協同の意識・行動様式）】を，自ら獲得する」**

　「近代工業化社会の学習観」のもとでは，「3：形式的参加」「4：従順的参加」のレベルは，学習者に求められる行動・態度としては賞賛されませんが，最低限，教員から叱責されるレベルではないと思います。
　しかし，「知識基盤社会の学習観」のもとでは，3，4のレベルではダメで，「5：同一化的動機による参加」「6：内発的動機による参加」のレベルが求められます。
　p.74で触れた，早稲田大学の大学院の授業の例も，学生たちがスタート時点で5，6のレベルの段階であったと思います。これが3以下のレベルの児童生徒が一定数存在する学校現場だと，教員はその児童生徒たちへの個別対応をしながら他の児童生徒の対応をすることが求められます。そのため，最低限の学級集団の安定の状態を形成することが難しい学級も少なくありません。

〔2〕学級集団が達成すべき課題

　1990年代半ば頃から，一斉形態の授業や学級活動が成立しない，いわゆる，「学級崩壊」の問題がマスコミに取り上げられ，社会問題となりました。旧文部省も，1998年に「学級経営研究会」を立ち上げ，「学級がう

まく機能しない状況」を,「子どもたちが教室内で勝手な行動をして教師の指導に従わず,授業が成立しないなど,集団教育という学校の機能が成立しない学級の状態が一定期間継続し,学級担任による通常の手法では問題解決ができない状態に立ち入っている場合」と定義して,実態把握を行っています[2]。そして問題発生の複合性を強調し,代表的な10のケースの報告とその対策を示しました。しかし,このような状況に対する学級集団発達の視点での解明には至っていません。また,全国連合小学校長会[3]は,学級崩壊の状態にある学級は,小学校の8.9%にのぼっていることを報告しました。

つまり,現行から次期学習指導要領ではアクティブラーニングが推進されていますが,実際の学校現場では,協同学習成立の必要条件を満たす状態を形成することに難しさを抱えている現状も想定されます。

日向野[1]はアクティブラーニング的な授業を展開する前提条件として,「ルールの共有」と「親和的な人間関係の確立」という2つの条件を示していますが,その2つの条件を満たしている学級はどれくらいの比率で存在するのでしょうか。筆者は,日向野が指摘するアクティブラーニング型授業を展開する前提条件の「ルールの共有」と「親和的な人間関係の確立」という2つの視点で学級集団を捉える尺度として,学校生活満足度尺度[4]を用いて学級集団の状態の実態を検討しました[5][6]。

「学校生活満足度尺度」は標準化され市販されている心理テストで,児童生徒が学校生活において満足感や充実感を感じているか,自分の存在や行動をクラスメートや教員から承認されているか否かに関連している「承認感」と,不適応感やいじめ・冷やかしの被害の有無と関連している「被侵害・不適応感」の2つの下位尺度から構成されています。それぞれの下位尺度は,4件法(中・高等学校用は5件法)の各6項目(中・高等学校用は各10項目)から構成され,各下位尺度の単純加算によって得点化されます。そして,「承認感」と「被侵害・不適応感」の各得点を2軸にとり,学級内の全児童生徒の両尺度得点の交点の分布状態によって,学級集団の状態を判定します。学級集団の状態は,学級集団を学級内のルールの確立度とリレーション(親和的な人間関係)の確立度の2つの視点で捉え

第5章　現状の学校現場でアクティブラーニング型授業に取り組んでいく指針

(1〜5の5段階)，学級内の全児童生徒の「被侵害・不適応感」の得点の分布が学級内の「**ルールの共有**」と対応し，全児童生徒の「承認感」の得点の分布が学級内の「**親和的な人間関係の確立**」と対応させて考えます。

そして，下記の6分類で捉えます（図5-1，表5-1（p. 142））。

(1) 両方確立している「親和的でまとまりのある学級集団（**親和型**）」
(2) リレーションの確立が弱い「かたさの見られる学級集団（**かたさ型**）」
(3) ルールの確立が弱い「ゆるみのみられる学級集団（**ゆるみ型**）」
(4) 両方の確立が弱い「不安定な学級集団（**不安定型**）」
(5) 両方が全く確立していない「崩壊した学級集団（**崩壊型**）」
(6) ルールとリレーションの確立に方向性がない「拡散した学級集団（**拡散型**）」（※図には表示せず）

アクティブラーニングが活発に行われる状態の「知識基盤社会の学習観」に基づく学級集団の「一定の安定がある段階」を満たしているのが，

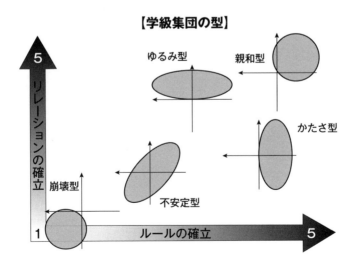

図5-1　学級集団の代表的な状態[4]

表5-1 学級集団の型ごとのルールとリレーションの確立度

	ルールの確立度	リレーションの確立度
崩壊型	学級ルールに対して意図的な逸脱行動が全体に見られる	特定の児童生徒やグループに対して攻撃行動が頻発している
不安定型	学級ルールに対して意図的な逸脱行動が一部に見られる	特定の児童生徒やグループに対して攻撃行動が一部に見られる
拡散型	学級ルールが意識されていない	グループで協同するという意識が乏しい
ゆるみ型	学級ルールの共有化が低いレベルである	閉じたグループが形成されている
かたさ型	学級ルールの共有化が外発的になされている	閉じたグループが形成されている, 児童生徒間にヒエラルキーが認められる
親和型	学級ルールの共有化がなされ, 背景の価値観も共有されている（内在化されている）	学級全体に人間関係が開かれており, 相互に親和的な状態である

「親和的でまとまりのある学級集団（親和型）」で, その出現率は40％弱というところです。さらに, 他の調査研究で,「親和的でまとまりのある学級集団」の中で, すでにアクティブラーニング型の授業が展開されている学級（満足型学級）を検討したところ, 全体から見ると15％の学級が抽出されました[7]。アクティブラーニングを展開できる状態の学級集団は, 集団としてのより発展を求めて, アクティブラーニングが求められ, すでにそのような授業が展開されていた, と考えられます。

次に, 親和的な雰囲気には欠けますが, 教員主導の規律があり, 教員主導の知識伝達型の一方向的な授業の展開が行われていると想定される学級が**「かたさの見られる学級集団（かたさ型）」**です。児童生徒は学級集団の場において, 最初から主体的に協同活動や協同学習をできるわけではありません。それらが自らできるようになるためには, 集団生活におけるルールやマナーに関する意識の持ち方や行動の仕方を習得する段階が必要となります。しかし, その習得の段階の内容が目的化してしまうと, 児童生徒の主体的な活動どころか, 教員の指導したことを素直に習得する訓練の

第5章 現状の学校現場でアクティブラーニング型授業に取り組んでいく指針

場と化してしまいます。「かたさの見られる学級集団」では，授業もそのような延長線上に置かれ，教員が伝達する知識を児童生徒たちは素直に習得するという形になっていると考えられました。その背景には，「かたさの見られる学級集団」の教員には，「授業とは一定の知識を児童生徒たちに習得させること」という，近代工業化社会の学習観／授業観が存在すると思われます。

そして，一斉授業の展開に難を抱えることが考えられる「ルールの共有」が不安定な学級が，全体の50％強抽出されました。小学校の学級では「学級がうまく機能しない状況」への対応の必要性が高いことが指摘されていますが，あらためて調査で，そのことが確認されました。「一定の安定がある段階」の状態に満たない学級集団は，学校現場では少なくないのです。

日本の学級集団制度の特性を踏まえると，「授業という集団活動を，より児童生徒個々の学習が充実するように展開できるか」ということが，授業づくりでも学級集団づくりでもポイントになります。学級集団が，教育環境として「児童生徒が互いに建設的に切磋琢磨するような状態」と，「相互に傷つけ合い防衛的になっている状態」とでは，児童生徒個々の学習意欲や学習活動には大きな差が生じることが想定されます。

さらに，「一定の安定がある段階」の状態に満たない学級集団の中で，小集団成立期（p.92参照）までの学級は，集団としての成立が不安定な状態であり，児童生徒たちの関わり合いも不安定で建設的な話し合い活動の成立が不十分になっていることが指摘されています[8]。各自が集団の一員という当事者意識を持ち，内在化されたルールやマナーのもとに，不安なく自分の考えや感情を表明できる，他の児童生徒たちの考えや感情を理解できるような交流が成り立つ状態にない，ということです。児童生徒の主体的な学びにつながる，建設的な相互作用（インタラクション）の成立が難しい状態です。

児童生徒たちの建設的な話し合い活動を成立させるためには，集団生活におけるルールやマナーに関する習得の段階が必ず必要です[8]。しかし，「一定の安定がある段階」の状態に至るまで，近代工業化社会の学習観

の,「学習者は,『一定の知識』を教員の指示に従って理解し身につける」にそった学級集団づくりをし,それに相応する従来の教員の指導行動を取っていたのでは,「一定の安定がある段階」に近い状態に至っても,アクティブラーニングを実質化させることは難しいと思います。

2　学級集団の現状に合わせた対応の指針

では,学習者が,「**【一定の知識 ∪ 汎用的能力(自ら学習する能力 ∪ 協同の意識・行動様式)】を,自ら獲得する**」のに理想的な最適な学級集団の状態は,どういったものでしょうか。

第3章で取り上げた**満足型学級の学級集団の状態**は,まさに,それに該当します(満足型学級の学級集団の状態の変化には,一定の類似性が認められます。満足型学級の発達過程は調査によって整理され,そのときの協同学習で求められるソーシャルスキルの確立の目安と,教員の指導行動の目安も同時に整理されています(p.101のコラム参照))。

しかし,現状の学級集団がその状態まで至らなくても,現在の状況で,少しでも上記の学習を児童生徒たちに体験学習させたいものです。汎用的能力の育成は,これからの児童生徒にとって,必ず必要となる能力であると考えられるからです。

中央教育審議会の教育課程企画特別部会の「論点整理[9]」では,アクティブラーニングは「課題の発見・解決に向けた主体的・協働的な学び」とされ,「習得・活用・探究」の3段階のステップでの展開が想定されています。この各段階と各学級の実態とを合わせて,展開を考えることができると思います。

そこで本節では,現在の学級集団の状態(「学級集団づくりのゼロ段階」でもです)で,少しでも**汎用的能力の育成**をしていくために,授業の展開に焦点化して,その方針を解説したいと思います。

〔1〕児童生徒・学級集団の状態によって，能動的な学習活動の構成を調節する

　第2章において，ピラミッド型の管理システムで，次の4つの職務をピラミッド型に分割して遂行していた例を示し，その4つの職務が最終的にフラットな状態で遂行される流れがあることを指摘しました。

　児童生徒たちに，より自律的に自主的に学習する能力の育成を考えるのならば，現状の児童生徒たちの実態と学級集団の状態に応じて，可能な範囲で自由度を与えて取り組ませたいものです。

　p.52で紹介した企業には，以下の4つの職務があります。

(1)　全体の大きな方針を決定し，各プロジェクトに分割する
(2)　各プロジェクトの実行単位の設計と人員配置などを設定する
(3)　作業プロセスの監視および管理をする
(4)　割り振られた作業を実施する

　これを学級集団でのグループでの学習活動に置き換えると，次のようになると思います。

〈1〉教員主導型学習活動

　前述の(4)に該当します。学習内容と学習方法が教員によって定められ，学習者は提起された課題に定められた方法で取り組みます。取り組んでいるプロセスも教員によって管理され，取り組んだ評価は教員によってなされ，次の学習内容が教員から提案されます。例えば，従来の一斉指導にグループ活動を一部取り入れたイメージです。この中に，学習者同士の思考の交流を取り入れます。例えば，「新たにわかった点」や「つまずいていた点」について話し合うなどです。

　この方法は，学習の習得に比重が高いモデルです。ただし，学習の習得に比重が高い展開であっても，次の活用段階に移行することを踏まえて，

それにつながるように展開することが求められます。機械的に単語を暗記させたり，解法のテクニックを身につけさせるような展開は，意味がないのは言うまでもありません。教員は<u>PM型リーダー的な役割</u>をとります。

〈2〉 自主管理型学習活動

p.145の(3)(4)に該当します。学習内容は教員によって定められますが，ある程度の時間が設定されており，どのように取り組むのかは学習者たちに委ねられます。グループごとに話し合い，そのプロセスもグループメンバー同士で管理し合いながら，グループ活動で課題達成を図っていきます。取り組んだ成果も自分たちである程度評価し，次にどのように学習内容に迫っていくかの計画も学習者たちが立てていきます。例えば，2コマ分の時間を設定して，「○○時代の文化にはなぜ○○のような特徴があったのか」の解決を目指すようなグループ学習がイメージされます。

学習の活用に比重が高いモデルです。活用する能力とは，思考力，判断力，表現力が主なものです。そのためには，以下のような教員のサポートが不可欠です。

(1) 意外性や興味のある現実的な問題に絡ませて課題を設定する
(2) 興味のある操作活動を取り入れる
(3) 問題解決のためにどのような既習知識や技能を活用すればいいのかを意識させる
(4) 一連の流れをイメージさせて見通しを持って取り組めるようにする
(5) 話し方や発表の仕方などのモデル（雛型）を掲示しておく

教員は，学習活動時は<u>ファシリテーター的な役割</u>をとります。

〈3〉 自己教育・自主管理型学習活動

p.145の(2)(3)(4)に該当します。学習テーマは教員より与えられますが，どのような内容を，どのように取り組んでいくか，どのようなメンバー構成でやっていくのかも学習者たちに委ねられます。学習者は，テーマに関

連する内容を自分たちで考え，定期的に自己評価を続けながら，より自分たちの問題意識にそってテーマの達成に向けて取り組んでいきます。例えば，1ヵ月の期間が設定され，物理的に週2コマは確保され（放課後などに活動するのが前提です），「興味のある職業」について関心のあるメンバーで構成して，多面的に調べたり，調査したりして，まとめていくといったグループ学習のイメージです。

　学習の「活用」から「探究」に移行していく段階のモデルです。複数の資料を比較して活用する留意点や引用と意見の識別を教示する，メンバー間の異なる見解を比較・検証してグループとしての意見を生成していく方法を示す，グループ外の児童生徒に伝わりやすいプレゼンテーションの仕方・ICTの活用方法を教える，などの教員のサポートが不可欠です。教員は，学習活動時はファシリテーター的な役割をとります。

〈4〉自治型学習活動

　p.145の(1)(2)(3)(4)に該当します。学習テーマをはじめとして，プロジェクトの期間も，活動場所や活動時間，活動メンバーの構成もすべて，学習者の全メンバーに責任が委ねられます。プロジェクトとは，共通の目的達成に向けた多様なメンバーで構成されたチームによる活動です。まさに，アクティブラーニングであり，その中でメンバーたちの自己学習能力はさらに高まっていきます。例えば，授業の延長線上で学科を越えてテーマを設け，それを自分たちでまとめて，学内の定期研究会などで発表する，といったイメージです。

　学習の探究の比重が高いモデルです。より多様な考え方を持つメンバーが集い，相互に積極的に学ぶ態度や実践力を身につけさせたいものです。教員は，学習活動時はスーパーバイザー的な役割をとります。

　上記，4つの活動をあげましたが，学習者たちの自律性がより高く学級集団の自治体制の確立度が高いほど，〈4〉に近いところまで，メンバーたちに裁量と責任が委ねられます。

〔2〕協同活動の自由度を調節した，学習活動の展開の指針

　学習者たちの自律性が低く学級集団の自治体制の確立度が低い場合（学級集団のゼロ段階）でも，全くアクティブラーニングは無理だと考えるのではなく，実態に合わせて展開していくことが必要です。協同学習を通したメンバー同士の相互作用から学びを獲得する体験学習は，これからの時代に生きる児童生徒たちには不可欠だからです。
　そこで，次のような目安で，取り組みやすい科目の取り組みやすい単元から，取り入れていくことを提案したいと思います。さらに，実践共同体である「学級集団での生活や活動」も一種の協同学習であると考え，学級集団の状態で無理のないレベルから，グループ活動を計画的に実施していくことが求められます。そして，児童生徒たちの自律性の高まりと学級集団の自治的レベルの向上にしたがって，より学習活動の段階のレベルを高めていけるようにしていきます。
　その方針は，ジョンソンら[10][11][12]が指摘する真の"協同学習"を実践するためにグループに必要な5つの基本要素（p.31参照）のうち，「**対面的な相互交渉**」「**社会的スキルや小グループ運営スキル**」「**集団の改善手続き**」を様々な場面に取り入れて，児童生徒に学習させていきながら，「**個人としての責任**」と「**互恵的な相互依存性**」の育成を目指します。特に，「社会的スキルや小グループ運営スキル」は実践共同体を形成・維持する上で，計画的に学習させたいものです。
　河村[13]は，実践共同体を形成・維持するソーシャルスキルとして，児童生徒たちの個の育成と学級集団の育成は，表裏一体で展開されていくものだと考え，「親和的で建設的にまとまった学級集団において，児童生徒たちが活用しているソーシャルスキルの内容」と，「満足度が高く意欲的に学校・学級生活を送っている児童生徒たちが活用しているソーシャルスキルの内容」の公約数を，「**学級生活で必要とされるソーシャルスキル(CSS)**」として整理しました[14][15][16][17]（文部科学省の科学研究費補助金〔基盤研究　(C)（2）11610098〕の助成を受けての研究「教師が活用できる児童生

徒の人間関係能力育成プログラムの開発」）。

　CSS が児童生徒たちに高いレベルで活用されている学級は，親和的で建設的にまとまった学級集団の状態であり，児童生徒たちの学級生活の満足感は有意に高いことが認められています。この CSS の内容を取り入れ（「事前に説明して意識して活動させる」など），グループ活動を展開することは効果的です（p. 149〜152 の解説および，『いま子どもたちに育てたい学級ソーシャルスキル』図書文化[14)15)16)17)]　参照）。

　学級集団づくりのゼロ段階も含めて，アクティブラーニング型授業の展開の指針について，「学級集団の状態（○○型）」「学級集団の発達段階（○○期）」「学級での全体の学習活動に対してとりうる態度」の３つの条件から判断し，以下，p. 152 以降で，教員主導型学習活動，自主管理型学習活動，自己教育・自主管理型学習活動では具体的な指針を解説し，自治型学習活動については発展的な期待を示したいと思います。

　（※以下，「学級集団の状態（○○型）」は p. 141〜p. 143，「学級集団の発達段階（○○期）」は p. 92，「学級での全体の学習活動に対してとりうる態度」の指標は p. 137〜138 を参照のこと）

解　説　「CSS（学級生活で必要とされるソーシャルスキル）」

　人がうまく他者と関われないのは，次の３つのポイントのどこかに難があると考えられます。また，これらの複数にまたがっている場合もあります。

〈1〉適切な社会的行動の知識が欠如している
　さらに，この「知識」の中には３つの領域があります。

(1)　社会的相互作用するための適切な知識を持っていない（そもそも基本的な知識がないので，どうしていいかわからない状態）
(2)　社会的相互作用するための知識を活用するやり方がわからない

(仲間が遊んでいるとき，自分も加わりたいという意思を伝えられず，おどおどしてしまって仲間に入れない，など)
(3) (2)のやり方をうまく実行できる社会的な文脈についての知識が乏しい

〈2〉 **スキルについての知識はあるが，スキルを実行する行動能力に欠ける**

おどおどしながら言う，タイミングが悪いなど，知識と現実の行動とのギャップが大きく，対人関係がうまくいかなくなってしまいます。

〈3〉 **自分の感情をコントロールする力が欠如している**

行動に踏み出す自信がない，やってもどうせうまくいかないと常にマイナスの結果に至ると考えやすい，被害者意識が強い，失敗の原因を自分の性格などどうしようもないことに帰属させて考える，完全主義など，行動に移る前の気持ちの問題を抱え，適切な行動がとれなくなってしまいます。行動練習の前に，気持ちを整えてあげることが必要です。

CSS は，上記の〈1〉〈2〉に対処するために，2つの領域のソーシャルスキルから成り立っています。

一つは**「配慮のスキル」**です。

〈1〉に対処するためのスキルで，「何か失敗したときに，ごめんなさいと言う」「友人が話しているときは，その話を最後まで聞く」など，対人関係における相手への気づかい，対人関係における最低限のマナーやルール，トラブルが起きたときにセルフコントロールしたり自省したりする姿勢，などが含まれたソーシャルスキルです。

最初は意識して学習することが求められますが，高学年になったら，習慣的にできるようになっていることが理想です。つまり，中・高学年段階以降では「配慮のスキル」になっているスキルも，低学年段階では，次の「関わりのスキル」として学習させるものもあります。

もう一つは**「関わりのスキル」**です。

第5章　現状の学校現場でアクティブラーニング型授業に取り組んでいく指針

〈2〉に対処するためのスキルで,「みんなと同じくらい話をする」「係の仕事は最後までやりとげる」など, 人と関わるきっかけづくり, 対人関係の維持, 感情交流の形成, 集団活動に関わる姿勢, など自主的な行動が含まれたソーシャルスキルです。

学校・学級生活を満足度が高く意欲的に送っている児童生徒は, この2つの領域のソーシャルスキルを高いレベルで, バランスよく活用しています。逆に, 対人関係がうまく築けない児童生徒, 荒れた雰囲気や暗い雰囲気のある学級では,「配慮のスキル」と「関わりのスキル」の活用レベルが低いか, バランスが悪くなっていると考えられます。

「配慮のスキル」と「関わりのスキル」には, 階層があります。2つの領域のスキルは, 組み合わせて体験学習ができるとバランスよく向上します。

そのつど教員に言われなくても, 自ら友人と関わり, 集団活動に自主的に参加していく姿勢は, 実は教え込むことはできません。教え込んだとしても, 教員の見ている前で行うだけで, その教員がいなくなれば, そのような姿勢はすぐに消滅してしまいます。

自ら友人と関わり, 意欲的に学級生活を送ったり, 責任を持って係活動や学級活動に取り組む姿勢が身につくには, そのような関わり活動を通して, 人と関わる喜びを体験することが不可欠です。集団活動に自主的にコミットしていく姿勢が身につくには, 集団体験の楽しさ, 充実感を体験することが第一歩です。

教員としては, 喜びや楽しさにつながる取り組みの中で, そのために必要な人との関わり方, 行動の仕方を, アドバイスする形で教えていくスタイルが求められます。

喜びや楽しさにつながる体験をある程度積み重ねたら, 児童生徒たちの間には親しい関係が生まれてきます。そのような状態の中でこそ, 初めて学び合いが生まれてきます。

「友人のいいところをまねし合う」「自分の行動が認められる」「困っている友人に自分のできることを教える」「一人でやるよりも協力することでもっと大きな成果を得る体験をする」, その結果,「さらに喜びや

楽しさが向上する」。この流れが児童生徒同士の関わり合い，学び合いを促進していきます。

　学校教育で求められるのは，低学年から高学年，中学校まで系統立てて，「学級生活で必要とされるソーシャルスキル（CSS）」を学習させていくことだと思います。確実に身につけた CSS が，児童生徒たちが社会で生きていく力の基礎になるからです。

〈1〉**教員主導型学習活動**

この活動を実施する目安としては，
○学級集団の状態…「拡散型」や「不安定型」
○学級集団の発達段階…「混沌・緊張期—小集団成立期への移行期」程度
○学級内に「学級での全体の学習活動に対してとりうる態度」で3（形式的参加）以下の児童生徒が半数近くいるような状態
の学級が想定されます。

＜学習活動の方針＞

　学級集団内でアクティブラーニングの基盤となる協同学習を展開するため，児童生徒個々の知識・技能を活用するためのレディネスの育成と，協同学習をする方法論の育成をする段階です。「対面的な相互交渉」「社会的スキルや小グループ運営スキル」の育成が主なテーマとなります。

　大きな方針は次の2点です。

A. 実践共同体を形成・維持するソーシャルスキル・CSS を学習させる

　CSS は，特定の時間にソーシャルスキルを数時間トピック的に取り入れるのではなく，学級生活や学級活動の様々な場面の中で，日々，体験学習させていく流れが必要です。学級内の日常生活から多様な構成の班単位の活動を取り入れて，小さな協同の場面を日常的に設定し，協同学習が展開できる集団としての土壌を形成していきます。その学級の，ハードルの

第5章 現状の学校現場でアクティブラーニング型授業に取り組んでいく指針

低い場面から，繰り返し協同型活動に慣れさせ，児童生徒に協同することの「楽しさ」と「関心」を体感させていきます。その流れでCSSを学習させていきます。

B. 授業の一部に，必ず協同学習や協同活動を取り入れていく

教員が取り組みたい主な内容は，例えば，ペア学習や学習班で学ぶ習慣を児童生徒に体験させるといったものがあります。練習問題の丸つけ，教科書の読み合い，感想の言い合いなどのレベルです。

この際にも，事前にその場面で直接必要なターゲットスキルとなるCSSの具体的なスキルを2つから3つ取り上げて説明し，活動中もそれらのスキルの展開の雛型にそって，取り組ませます。そして，最後の振り返りの際にも，それらのスキルの活用具合について振り返させます。

〈2〉自主管理型学習活動

この活動を実施する目安としては，
○学級集団の状態…「かたさ型」「ゆるみ型」
○学級集団の発達段階…「小集団成立期—中集団成立期への移行期」程度
○学級内に「学級での全体の学習活動に対してとりうる態度」で3（形式的参加）以下の児童生徒が3割近くいるような状態

の学級が想定されます。

＜学習活動の方針＞

学級集団内でグループ活動はある程度できるようになっていますが，真の協同学習を展開するため，児童生徒個々の知識・技能を活用する能力を高め，協同学習をする方法論をしっかり身につけさせる段階です。「社会的スキルや小グループ運営スキル」「集団の改善手続き」が主なテーマとなります。

大きな方針は次の2点です。

A. グループ活動の中にグループ対話を取り入れる

　個人の考えを明確に持った上で，グループの他のメンバーの考えや感情と交流する中で，個人の意欲と信頼感を育成していきます。

　この際にも，事前にその場面で直接必要なターゲットスキルとなるCSSの具体的なスキルを2，3つ取り上げて説明し，活動中もそれらのスキルを意識させながら，取り組ませます。

B. 授業の中に児童生徒たちで考えさせる部分を取り入れる

　既習の学力の定着や学習意欲の低い児童生徒を含めた協同学習の展開に一定の難しさを有しているこの段階の学級集団では，知識を活用する方法も，授業時間内に児童生徒にしっかり学習させることが求められます。

　例えば，次のような内容です。

①課題解決の各段階の内容を見通して，思考活動や表現の仕方の段取りを考えさせる

　「各段階」とは，次のような一連の流れです。

　<u>教員に課題を提示される⇒課題解決の見通しを持つ⇒独力で考える⇒協同で考える⇒全体で検討する⇒振り返りをする</u>

②課題解決の見通しを持つ

　活用課題の解決のために，どのような既習知識や技能を活用すれば課題解決につながるかを意識化させる

③独力で考える

　どこまでわかり，何がわからないかを明確にさせる／複数の資料を比較して活用して考えさせる／話し方，文章のまとめ方，思考の仕方の雛型を身につけさせる

④協同で考える

　複数のメンバーの異なる思考結果を比較検討させ，グループの考えとして練り上げさせる（誰の思考結果がよいのかではなく，みんなの考えのよい部分を抽出して，グループの考えとしていく）

⑤全体で検討する

いろいろなグループの発表を聞き，自分たちのよい点と新たな課題を確認させる
⑥**振り返りをする**
自分に活用力がついたかを自己評価させ，次の学習課題を見出させる

なお，適切に自己評価できる力は，汎用的能力の一つです。
児童生徒の自己評価は，自己評価観点や自己評価基準をきちんと用意して取り組ませるだけではなく，やり方を定めて児童生徒同士で相互評価活動に取り組ませるなど，過大・過小評価に偏ることなく，適切に自分の評価ができ，次に取り組むべき課題を見出していく力を身につけさせることが求められます。
具体的に次のような点ができるようになることを目指します。

(1) 適切な自分の学習課題を見つけられる
(2) 既成の自己評価観点や自己評価基準にそって，自分の学習成果を適切に評価できる
(3) 自分で定めた観点にそって評価できる
(4) 他者評価を参考にして，客観的に評価できる
(5) 学習成果をよりのばす方法・学習の不十分な点を改善する方法を考えることができる
(6) 学習の成果を自覚し，自己効力感を持つことができる（必要に応じて，ポートフォリオを通して評価的な対話活動を教員と行い，アドバイスすることも大事です）

また，この段階では，市川[18]が提案する『教えて考えさせる授業』の展開が参考になります。その展開は，次のとおりです。

①**教師からの説明**（「教える」の部分）
基本事項を教員が共通に教える

②**理解確認課題**(「考えさせる」の第1ステップ)

　教科書の内容や教員の説明したことが理解できているかを確認させる児童生徒同士の説明活動や，教え合い活動を取り入れる

③**理解深化課題**(「考えさせる」の第2ステップ)

　誤解の多い問題や教えられたことを発展させる課題を用意し，協同的問題解決をさせる

④**自己評価活動**(「考えさせる」の第3ステップ)

　授業でわかったことや，まだよくわからないことを個人的に記述させ，個人の取り組みを振り返らせる

　この各段階で，教員は自律性支援的な対応が求められます。

　つまり，思考の交流が効果的に行われる可能性の低い状態のときは，まず思考の交流の前提となる知識と方法をしっかり確認してから，その知識と方法を基にした思考を交流させるという手続きが，確実な児童生徒の思考の相互作用を生むと思います。

　さらに，現実の問題解決能力の育成として注目されているのが，「**オーセンティック学習**(authentic learning)」(p. 39参照)です。「本物の実践」に可能な限り文脈や状況，出来事を似せた事象を内容として扱うもので，そのプロセスで習得された知識や技能は，それが活用可能な条件(文脈や状況，出来事)を含めてセットで獲得されるため，生きて働くと考えられています[19]。

　課題がオーセンティックであるとは，子どもの日常生活や学習経験との関係があり，問題解決の必要性や切実性を感じさせるもの，つまり，解決の価値を感じさせるものです[19]。例えば，「算数の比の問題で，教科書の内容をそのまま説明するのではなく，地域のスーパーで売っている3本250円のバナナと5本390円のバナナを教材にして，どちらがお得かをグループで考えさせる」「英語の授業で，日常の基本的な会話の仕方について，アメリカ映画のいくつかの場面を鑑賞させてから，それを題材にしてグループで練習させる」といった具合です。また，そのような課題であると，学習の苦手な児童生徒にも何らかの関わるきっかけが出てくるので，

第5章 現状の学校現場でアクティブラーニング型授業に取り組んでいく指針

参加意欲を高めることが可能になります。実践共同体の学びは，オーセンティック学習ともいえます。

ただし，児童生徒は漠然と体験しただけでは，なかなかそこで学んだ内容を問題解決の場面で活用できないことがあります。そこで，レディネスの低い児童生徒が多い学級の場合には，体験の後に，その学んだ内容について，教員が「その有効性，どんな場面に活用可能なのか」「他の場面に応用するにはどうするか」などの明示的な教え方をする必要があります。この段階を踏まないと，せっかく体験学習した学びの内容が，結実しないことがあるからです[19]。市川[18]が提案する『教えて考えさせる授業』はこの部分に対応したものと考えられます。

また，授業展開の中で，教員から答えを提示する場合を「受容学習」といいます。説明中心の知識伝達型スタイルの授業はまさにこれにあたります（この対極には，教員から答えを提示しないで，学習者が見通し・仮説を立てて，それを検証しながら規則・法則を発見していく，ブルーナー提唱の「発見学習」があります）。このとき，単なる「受容学習」で終わりにせず，提示された内容について，学習者があらかじめ持っている知識や経験と結びつけて内容を捉えると，学習者はその内容に関心を高め，内容も習得しやすくなります。これが「**有意味受容学習**[20]」です。

『教えて考えさせる授業』の第1ステップのプロセスには，有意味受容学習の要素も含まれていると考えられます。さらに，第3ステップ以降，新たに持った課題について，学習者たちが見通し・仮説を立てて，それを検証しながら規則・法則を追究できれば，有意味発見学習に発展させられる可能性も有しています。

この取り組みは，学級集団の実態に合わせて，「**スキャフォールディング**（足場づくり：学習者はさらに様々な作業に挑戦する。教育者はその作業の難易度に合わせて足場をつくって手助けをする）&**フェーディング**（成長に伴って徐々に支援を減らしていく）」を用いて，調節できます。この段階では，教員の力量は，「学級の実態に応じて，より適切に調節できるか」に現れます。

〈3〉 自己教育・自主管理型学習活動

この活動を実施する目安としては,
○学級集団の状態…「親和型」
○学級集団の発達段階…「中集団成立期―全体集団成立期の移行期」程度
○学級内に「学級での全体の学習活動に対してとりうる態度」で3（形式的参加）以下の児童生徒が1割近くいるような状態
の学級が想定されます。

＜学習活動の方針＞

学級集団内で協同学習はある程度できるようになっていますが，真の展開をするため，児童生徒個々の自律性を高め，類似性に基づく関係性から信頼感に基づく関係性を形成する段階です。「個人としての責任」と「互恵的な相互依存性」をより高めることが主なテーマとなります。

大きな方針は次の2点です。

A. 学級全体活動の中にクラス討議を取り入れる

個人の考えを明確に持った上で，クラス全体のメンバーの考えと交流する中で，よりよい結論を導く体験学習をさせます。

みんなで取り組むプロジェクトも，どのような内容を，どのように取り組んでいくか，どのようなメンバー構成でやっていくのかも，児童生徒たちに委ねられるので，目標設定に関するクラス討議は，特に大事になってきます。

目標を達成する価値や意味，目標が具現化されたときの具体的なイメージをみんなで話し合い，それらも含めて共有できることが必要です。そして，このようなクラス討議は，プロジェクトの最初の段階だけではなく，活動の節目ごとに途中の成果の評価をし，適切な方法を検討しながら，取り組んでいくことが求められます。この取り組みが，メンバーたちの凝集性を高め，プロジェクトに取り組む意欲を喚起・維持していきます。

B. 協同学習の活用しやすい既成のプログラムを修正して活用する

バークレイら[21]は，話し合い，教え合い，問題解決，図解，文章完成の5つのカテゴリーに分け，30の技法を示しています。

例えば，「ラウンド・ロビン」は，課題明示⇒個人思考（各自が自分なりの回答を準備する）⇒集団思考（一人ずつ発表）の手順で授業を構成し，最後にグループで話し合ってより望ましい回答をつくりあげる技法です。また，「特派員」は，グループ活動をしていくプロセスで，グループの一人を指名し，他のグループの情報を取材し，元のグループのメンバーとその情報を共有し，自分たちの取り組んでいる内容をよりよいものにしていくという，グループ活動に一手間アレンジを加えた技法です。他にも，「ジグソー学習」など，活用しやすいものがたくさん開発されています。

また，PBL[22]の授業形態をとる方法もあります。

PBLとは，臨床実践において直面するような事例を通して，問題解決の能力を身につけることで，基礎と臨床研究に関する知識を習得する学習です。1960年代後半に医療系の大学から始まり，他の領域に広がったものです。実情はかなり多様ですが，身近な問題や事例を素材としながら，具体的な問題解決に向けてチーム学習を行っていく学習方法です[22]。一般には，「**問題発見解決型学習**（problem-based learning）」や「**プロジェクト型学習**（project-based learning）」と呼ばれ，アクティブラーニング型授業の一つです。特に，プロジェクト型学習は，学習課題が明確にされ，目標設定・チーム編成・実施計画・基準に基づく評価が，明確に設定された学習プログラムで，実習や体験学習の基盤として，活用用途は広いです[22]。

筆者は学部3年生の前期のゼミで，PBL型授業形態をとっています。この授業の目的は，学生たちが心理学の基礎知識と文献研究の方法を習得し，その上で自分なりの研究テーマを見出すことができることです。

従来は，講義形式で教員が説明して最後にディスカッションをする，テキストの内容を学生が分担してまとめてそれを発表し合う，という形式でした。しかしそれでは，学生たちのモチベーションが高まらず，主体的に

学習する学生が一部しか見られなかったので，その改善として PBL 型授業形態を採用しました。

1 単位の大まかな展開の流れは，以下の通りです。

①課題設定
　　○授業の目的と半期の流れ，基本的なルールの説明
　　○自己紹介もかねてリレーション形成のグループエンカウンターの実施
　　○学生が現時点で持っている問題意識の交流をし，10 程度のテーマ（基本概念をそれぞれ含むもの，教員側で身につけてほしい概念も含む）を抽出（主なテーマ…「好かれる友人の要素とは」「前向きな人と後ろ向きな人との違いとは」「男性と女性の考え方に違いはあるか」「家族関係と性格の関係」「卒業後のキャリアの方向性」など）
　　○その中から 1 つを選択させて課題とする（自分の問題意識を基本概念にそってレポート 1,200 字でまとめる）

②個人レポート作成（授業時間外）

③個人発表とディスカッション
　　4 人グループを結成して行う

④グループ研究のテーマの選定（提示された 10 の課題にそったもの）
　　グループごとにメンバーの問題意識を盛り込んだものにする

⑤グループセッション〔4 コマ〕
　　テーマの解決策の検討を目指して，文献研究の自己学習をはさみながら行う

⑥中間発表会
　　他グループのメンバーや教員のコメントから，新たな課題を見出すのを目的として行う

⑦グループセッション〔4 コマ〕
　　テーマの解決策の検討を目指して，文献研究の自己学習をはさみながら行う

⑧**成果発表会**〔2コマ〕
⑨**最終個人レポート提出**

　上記のように，PBL型授業は自己学習とグループセッションを繰り返します。個人で専門の文献を調べ理解する学習と，グループ討議を通じて，他者の考えと自分の考えとの関係性の中で，「自分」というものを認識し，かつ，自分の考え方や物の見方の癖がわかり，個人の学習がさらに深まり，主体性も高まります。さらに，学生同士の人間関係も深まります。
　このような授業形態は，卒業論文や自由研究などを課している高等学校で，それに取り組ませる前の段階の取り組みとして活用できるものです。
　PBLに期待されているのは，問題解決に向けたレベルで知識を統合的に展開していくこと，チーム内の相互作用の中で相対的に学習していくことで他者から学ぶ思考を身につけたり，そのために学習プロセスへ主体的・能動的に関わろうとする態度を涵養することなどです[22]。

〈4〉**自治型学習活動**
　この活動を実施する目安としては，
○学級集団の状態…「親和型」
○学級集団の発達段階…「自治的集団成立期」
○学級内に「学級での全体の学習活動に対してとりうる態度」でほとんどの児童生徒が5（同一化的動機による参加），6（内発的動機による参加）のレベルのような状態
の学級が想定されます。
　この段階は，十分アクティブラーニング型授業が展開できる学級集団の状態です。プロジェクト的な学習活動が多くなることが考えられますが，そのテーマも，社会問題に対する調査研究，被災地支援などの社会参加，学園祭で上映する映画製作などの企画運営，いろいろな志向を持つ人たちのライフライン（自分史）集の作成などのキャリア形成，などのいくつかのバリエーションがあります。学級の児童生徒たちの実態とニーズに応じて，バランスよく取り組ませたいものです。

また，学習者の自律性や学習集団／学級集団の状態がより建設的に高まったら，松下[23]が提案する「ディープ・アクティブラーニング」となることを目指したいものです。松下[23]は，ディープ・アクティブラーニングとは，「学習者が他者と関わりながら，対象世界を深く学び，これまでの知識や経験と結びつけると同時に，これからの人生につなげていけるような学習である」と定義しています。

　このような学習は，学習者の強い関与が伴うことで，**変容的学習**（transformative learning）につながっていく可能性が考えられます。「変容的」とは深く徹底した変化のことです。クラントン[24]は，以前は無批判に同化していた仮説・信念・価値観・見方に疑問が投げかけられ，それによって，より開かれた，より柔軟な，より正当化されたものになるプロセスである，と定義しています。また，ボーエン[25]は，変容的学習は「必然的に学習者の現在のアイデンティティや世界観を脅かす」と指摘しており，このプロセスが，学習者のアイデンティティ形成につながっていくのではないかと思います。

　大学では，学生たちのキャリア教育の一環として，就職活動前の2・3年生に，エンカウンターグループなどに参加を呼びかけ，アイデンティティ形成の一助にする試みが行われています。しかし，通常の学習活動でも，強い関与があり，それが学習者にとってディープ・アクティブラーニングとなるならば，類似する効果が期待できるのはないかと思います。

　筆者も，宿泊型のエンカウンターグループの運営に，20年前から定期的に関わってきました。そのときのメンバーの変容と類似したものを，何年かに一度の割合で，ゼミ集団の学生たちの卒業近くの姿に見られた経験を持っています。そういう学年のゼミ集団は，非常に意欲的で活気があり，ゼミ活動に年間を通して強い関与をし，ゼミ生同士で多くの議論をし，人間関係の軋轢を経て，それを乗り越えて，価値観も含めた本音の交流ができるようになります。互いの価値観の違いを理解し，その上で建設的に関われるようになっていきます。あのときの学生たちは，ディープ・アクティブラーニングに近い学びがあったのではないかと思います。

　ディープ・アクティブラーニングの第一歩は，アクティブラーニングの

中の省察は，学習の中で気づいた認知領域に偏りがちですが，情動／感情の面で起こった出来事についても，できる限り省察するように促すことから始まるのではないかと思います。

さらに，学習したことや取り組んだこと（そのプロセスも含めて）に対する意味や価値について，学習者同士が本音で語り合えることが大事になってくると思います。

このように考えると，小学校，中学校，高等学校でも，自治型学習活動が展開できるような学級集団では，日常の学習活動をはじめとする学級集団全体での活動や生活そのものに，児童生徒たちの強い関与があり，学習したことや取り組んだこと（そのプロセスも含めて）に対する意味や価値について，学習者同士が本音で語り合える状況があります。したがって，実践共同体としての学級集団での生活そのものから獲得される学びが，ディープ・アクティブラーニングになっていきます。これが日本の学級集団制度に基づく教育の，究極の目標になると思います。

3 自己調整学習・協同学習を踏まえた授業イメージ

これからの学習活動で求められる授業は，下記のようなシフトです。

教員が一方的に学習内容の説明をし，学習者はそれを聴き理解し記憶するという知識伝達型スタイルの授業（コンテンツ・ベイス）

↓

学習者の主体的な参加を促し，協同活動の中で学習者の思考を活性化させていくような，よりアクティブな学びを取り入れたスタイルの授業（コンピテンシー・ベイス）

これは日本の学校教育にとって大きな教育政策の改革であり，教員たちは「授業のあり方」について，パラダイムの転換が求められます。それは同時に，授業の背景にある「学級集団づくり」と「指導行動のあり方」に

ついてのパラダイムの転換も不可欠ということです。

以下に,「コンテンツ・ベイス」と「コンピテンシー・ベイス」それぞれのスタイルの授業について確認したいと思います。特に,コンピテンシー・ベイスの展開では「自己調整学習」の視点が不可欠になります。

現状,「アクティブラーニング」の授業に関する書籍で,自己調整学習の視点は取り上げられることが少ないので,本項ではそこに焦点化して,解説したいと思います。その理由として,グループのメンバーと楽しく協同活動に取り組めたが,学習者自身の思考活動は少なかった,相互作用を通してのモデリングが適切になされていなかった,などの点が見聞されるためです。

〔1〕知識伝達型スタイルの授業(コンテンツ・ベイス)

説明中心スタイルの授業です。次の(1)から(5)の手順で授業を設計して,展開していくものです。筆者の行う授業の70%もこのスタイルです。

(1) 教員は,その単元の教育内容(コンテンツ)の全体を整理し,定められた時間数に小分けして1単位時間の授業の大きさにし,授業を組み立てる
(2) 各時間ごとの授業設計をし,わかりやすい説明をし(プレゼンテーションソフト,図解,写真やビデオ映像をうまく活用する),1単位時間の授業で1回分の内容を伝えきる
(3) 授業の終末に「まとめ」として教員による学習内容の要約をする(小グループでのディスカッションを入れる場合もある)
(4) 学習者の理解の確認のため,練習問題をさせたり,確認のための小テストを行う
(5) (4)の結果を基に,微修正をしながら,(2)から繰り返していく

つまり,その授業で教えるべきコンテンツを明確にして,説明し,学習者に定着させていくという展開です。また,このスタイルのアレンジとし

て,「**発問**」を用いるスタイルがあります。

　前述したように,授業展開の中で,教員から答えを提示する場合を「受容学習」(p. 157 参照) といい,説明中心の知識伝達型スタイルの授業はまさにこれにあたります。

　それに対して,教員から答えを提示しないで児童生徒自らが仮説を立てて答えを見つけ出す形態の「発見学習」があります。発見学習とはブルーナーによる教育方法であり,学習者が見通し・仮説を立てて,それを検証しながら規則・法則を発見していくプロセスをとる学習です (p. 157 参照)。「発問」を用いるスタイルは,一見,発見学習のように感じますが,実は受容学習の授業展開です。前述の(2)の部分に設疑法を用いて発問の形にして展開するスタイルです。「設疑法」とは話し手が聞き手に対して話の冒頭で疑問を投げかけてみせる技法で,小中学校では主流になっていることが多いです。例えば,次のような展開です。

(1) 各時間ごとの授業設計をし,説明のところどころで,教員は伝えたい内容の正解について,「～はどうしてかな？」などの形式上の疑問を発します (**発問する**)。もちろん,問いかけた教員は疑問の答えを前もって用意しています。学習者は教員の発問に対して自分でも考えながら教員の説明を聞くようになります。

(2) 発問について学習者に答えさせ,教員の意図する答えをつないでいき,説明をはさみながら,正しい答えに導いていきます。学習者は教員によりあらかじめ用意されていた問題解決法の流れにそって正解を理解することになりますが,自分で考えて正解を導いたと感じます。

　つまり,知識伝達型スタイルの授業とは,学習者の「知識の習得」にとどまった授業です。教員が教育内容(コンテンツ)を説明し,学習者にそれを理解させて,練習させて,知識の定着をはかるのが目的の授業スタイルです。問題解決の筋道を学習者の試行錯誤に任せず,教員が手引きして学習者を正解に導くので,学習者は問題解決の仕方も,教員の示したやり方を知識として記憶することになるのです。

〔2〕アクティブな学びを取り入れたスタイルの授業
　　（コンピテンシー・ベイス）

　グループ活動を授業の中心として使ったスタイルの授業です。次の〈1〉に加えて，〈2〉から〈5〉の手順で授業を設計して展開していきますが，学習する内容によって活用する技法やモデルによって手順はかなり異なり，学習者たちやグループの状態や学習活動の進み具合によって，柔軟に進めていきます（p.145～163参照）。下記，「自己調整学習」の流れを踏まえた例（学習の活用の比重が高いモデル）を示します。

〈1〉 規範意識と人間関係を構築
　日ごろから学級集団内に**一定レベルの規範意識**と，**信頼できる人間関係の構築**を心がけ，「**協同で学ぶ意味の共有**」「**協同で活動することを小さな活動の体験からさせていく**」「**互恵的な相互依存性**」「**協同活動するための社会的スキルや小グループ運営スキル**」を形成しておくことが大事です。自由度が高い学習の中で，学習者たちが羽目を外さないように自律して学習する必要があるからです（第3章参照）。

〈2〉 獲得させたい要素を整理し，学習者の状況を把握
(1)　教員はその単元で学習者たちに獲得させたい「**知識・情報＋汎用的能力（キー・コンピテンシー）**」の大枠を整理します。
(2)　(1)をどのように獲得させるかの計画を立てるため，学習者たちの現在の「知識・情報＋汎用的能力」と，協同活動するための意識と社会的スキルや小グループ運営スキルを把握します。

〈3〉「予見」「遂行」「自己省察」の3段階の流れの時間区分を計画
　〈2〉の(1)と(2)から，定められた単元の時間枠内で，自己調整学習の「**予見**」「**遂行**」「**自己省察**」の3段階の流れ（p.27参照）で，単元の学習内容をいくつかの小さなまとまりに区分します（このとき，各学校で定めら

れた1単位時間を2つや3つ続け，柔軟に組み合わせることが多いです)。

　以下に，1単位時間×2の時間を想定した協同学習型の授業展開で，その授業枠内で，自己調整学習の「予見」「遂行」「自己省察」の3段階の流れを取り入れた例を示します（なお，事前の計画で，その時間の授業は「予見」だけとか，グループごとに「遂行」を行う，簡単な「予見」をし「遂行」と「自己省察」を行う，「自己省察」だけを各グループの成果をもとに全体で行う，などといった場合もあります）。

A. 予見（学習活動の前の準備段階で，授業では「導入」にあたる）
　次の4点は確実に押さえるように計画します。

①学習者の自己効力感や課題への興味を喚起する
　協同して学習する意味と楽しさも理解させることが求められます。
②学習目標を設定する
　①を行った上で，どのような汎用的能力を獲得させたいのかを明確にしておきます。正答や問題解決方法が1つではないテーマを設定することが望ましいです。学習目標に対して，事前に学習者各自の考えを整理させることが前提です。
③学習方略と協同する方法について契約する
　学習者にとっての「学習方法についてのルールの確認」というイメージですが，協同するための「しくみ」をルールとして設定し，契約していくことが求められます。

　協同学習では，人と関わる難しさも体験し，それを乗り越えていくことにも意味があります。しかし，その前に関わらなくなってしまったり，フリーライドしてしまったり，自分だけで進めてしまったり，ということが多分に想定されます。そうなってしまっては，協同学習や自己調整学習の中心的な学習作用であるモデリングも形骸化してしまいます。そこで，事前に，物理的に関わるしくみ（定期的に説明し合う時間の設定をするなど），役割の設定と役割交流のしくみなどをルールとして設定し（これを「構成」といい，学習者の実態に応じて

その構成を強めたり，弱めたりする），そのルールの中で活動することを契約します。

④**活動の枠組と留意点を確認する**

　活動の手順，活動の時間枠，活動に使える場所・道具，グループの構成（活動の内容に応じてメンバー構成を決める）などの条件を確認します。

B. 遂行（学習活動中に生じる過程）

学習内容を踏まえて，どのような活動を取り入れるかを選択します（多くの場合，既存の協同学習の技法やモデルを参考に，それを実態に合わせてアレンジしたものを用います）。

そこでは，「関与」と「外化」が適切に展開する工夫をします。

「活動」は誰かと何かをしながらあることに気づいていく相互作用が生まれるものであり，「気づき（考え方のみならず感情面なども含む）」を引き出すためのしかけです。書く・話す・発表するなどの活動への関与があり，そこから生じる認知プロセスを外化（自らの考えやアイデアを発話，文章，図式化，ジェスチャーなどの方法で外に可視化させること）させ，それを操作する活動が必要です。例えば，次のようなものがあります。

(1) 模造紙に考えの付箋を思いつくまま貼らせる
(2) 各自の作業プリントを相互に示す場を設定する（自分の気がつかない点や，自分は無意識にしていた問題解決を意識的にやっている学習者がいることに気づかせる）
(3) ホワイトボードや電子黒板などのIT機器を活用する

C. 自己省察（学習活動後の振り返り）

自らの取り組みに対して，学習成果が目標に達したか，あるいは基準をどれくらい満たしたか，を自己評価し，なぜうまくいったのか，またはいかなかったのか，その原因を振り返ります。

振り返りは学習の中で気づいた認知領域に偏りがちですが，情動／感情

の面で起こった出来事についても，できる限り振り返るようにさせます。
　例えば，次のようなものです。

(1) 各自や各グループの学びの状況が，他のメンバーやグループとのやりとりによって深まるようにする
(2) 学習者の思考の対立軸を明らかにし，学級全体につなぐようにする
(3) 問題は個人の能力ではなく，学習目標の立て方や学習方略に問題の原因を求めるようにし（原因帰属），それを再び次の学習の「予見」の段階に生かすようにする

　交流後は，考え方の違いに対して自分はどう考え直したかを全体で共有します。

〈4〉「予見」「遂行」「自己省察」の3段階の流れを展開
　次に，p.30，p.120で説明した活動のモデルを基盤として活用します。
　計画はあくまでも計画であり，学習者たちの展開によって計画通りいかないことが多いです。そのときに教員が強引に計画線上に乗せようと介入すると，本末転倒になります。教員は，学習者同士の相互作用を促進させるファシリテーターとしての対応をとります（第4章参照）。
　そして，学習者の学習活動への関与と外化に伴う相互作用が活性化するように促します。
　例えば，次のようなものがあります。

(1) 学習者の考えに興味を示し，動機づけする
(2) グループ活動に入る前に，学習者個々の考えを整理させる
(3) 学習者が話し合いやすいように判断基準を示して話し合いの焦点を絞らせる
(4) 学習者同士の考えをつなぐ対応をする
(5) 特定の学習者の考えのオリジナリティを提起して，他の生徒へモデリングの視点を伝える

(6) 個々の学習者の共通点や相違点を可視化して，交流を促進させる
(7) 最後に，学習者個人の自己省察の内容を整理させる

〈5〉実際の授業から次の授業を設計

　教員は〈4〉の学習者の取り組みをよく観察して振り返りにおける外化の様子をチェックし，学習者の学習活動が少しずつ問題解決の核心に至るように，次の活動の計画を修正します。変化のある繰り返しの中で，活動が次第に教員の手から離れて，児童生徒たちが見通しを持って主体的に活動できるようになっていくのです。スキャフォールディング（scaffolding）&フェーディング（fading）の展開です。

　教員による授業と授業の間の調整はとても大事です。学習者は振り返りを挟んだ活動を継続することによって，前の活動で学んだ気づきを次の活動で深めていったり，足りなかった学びの要素を次の活動で補っていったりすることができます。アクティブラーニング型授業でより大事なことは，活動が活発に行われたかよりも，活動を通して汎用的能力が育成されたかの視点を忘れないことです。

〔3〕アクティブラーニング型授業の展開の試行錯誤

　「アクティブラーニング」と銘打った研究授業の中には，従来のグループ活動とグループ発表を取り入れただけの授業ではないのかなと感じるものもあります。また，アクティブな学びを取り入れたスタイルの授業などで，見た目にはアクティブラーニングのように見えるのですが，実は知識伝達型スタイルの授業のものがあります。

　大事なのは，教員がその授業で「児童生徒たちに何を学ばせたいのか」の目的の明確化と，そのための手段として，授業方法の選択がきちんとなされているかだと思います。これらの点が十分ではなく，最初に，アクティブな学びを取り入れたスタイルの授業をする，という方法が先にありきになってしまうと，児童生徒たちの学習活動は混乱し，期待されるような成果は上げられません。

第5章　現状の学校現場でアクティブラーニング型授業に取り組んでいく指針

　このことについて，筆者が見た小学校6年生の算数の研究授業の例で説明します。

(1) 教員が，今日の課題について概略を説明し，解決すべき問題を児童たちに発問した（10分）。
(2) 4，5人の小グループをつくらせ，15分間，問題解決を目指してグループ・ディスカッションをさせ，各グループの考えを模造紙に書かせ，黒板に貼らせた（20分）。
(3) 6つのグループの代表が各グループの考えをそれぞれ全体に発表した（10分）。
　　6つのうち5つのグループの代表が同じような解き方で答えを説明した。最後の方では5つのグループの代表が説明した解き方の答えが正しいという雰囲気が学級全体に広がり，唯一違う答えを発表したグループも，それを理解し納得したようである。
(4) 教員が全体に再度発問し，5つのグループの代表の中の挙手した児童が指名され，自分のグループの解き方と答えを詳細に説明し，唯一違う答えを発表したグループの答えがなぜ違うのかも説明した。それを受けて，教員が，解き方の考えのポイントを説明して全員に確認し，まとめをした。そして，すべてのグループの活動を賞賛し授業は終わった（5分）。

　45分ぴったりで授業はまとめられ，参観していた教員たちからも，児童たちの学習活動と学習内容の理解が深まったことを賞賛するコメントが多く出されました。
　しかし，授業の良し悪しは別にして，筆者は(1)(2)あたりから，「？」と感じました。アクティブな学びを取り入れたスタイルの授業といえば否定はしないのですが，より深めることができるのではないかと感じたからです。
　その理由を，順を追って説明します。

⑴　教員から全体に提起された問題がそんなに難しくない。事実，教員の説明の途中で小さく答えを口走っていた児童が複数人いた。
⑵　6つのグループに能力が高そうなリーダー的な児童が配され，そのリーダー的な児童が主導してグループ・ディスカッションは展開し，7・8分後くらいには，そのリーダー的な児童が解き方と答えをグループの他の児童に説明し，グループの他の児童たちを納得させていた。
⑶　6つのグループの発表は，すべて各グループのリーダー的な児童がしており，議論が起こらない状況であった。2番目に，唯一違う答えを発表したグループのときに，「違う」というざわつきが起こったが，すぐに3番目の発表に移り，最後まで進行していった。
⑷　教員が一つの正しい解き方と答えを説明し，まとめをした。

　授業の中心に学習者たちのグループ・ディスカッションが設定され，「書く・話す・発表する」などの活動も設定されているので，「アクティブな学びを取り入れたスタイルの授業」と言われれば否定するものではありません。
　しかし，この授業は，学級のすべての学習者に教員が予定した知識や技能を定着させるために，グループを活用した，発問を用いた知識伝達型スタイルの授業に近いと思います。従来の学校現場で見られる「教え合い」学習の範疇に入るものです。
　なぜなら，グループ活動で学習者たちの考えの相互作用が乏しく，教員が求める正解を，早い段階で理解した各グループのリーダー的な児童が他の児童たちに説明し理解させるという形になっているからです。そこに，各グループのリーダー的な児童以外の他の児童たちの主体的な関与が乏しいのです。各グループのリーダー的な児童も，他の児童たちの理解のつまずきを理解し，それを分析して説明しているのであれば，自身の学習にもなるのですが，見つけた解き方と正解をただ伝えるだけになっているとしたら，その児童自身の学習も深まってはいかないですし，伝えられた児童たちもそれを正解として記憶するだけのものになってしまいます。

第5章　現状の学校現場でアクティブラーニング型授業に取り組んでいく指針

　最も大きいのは，授業者である教員が，授業について従来の「知識伝達の場」という枠組みから抜け出ていなかったのではないかというところです。ただ，公的な研究授業であったので，授業者にそれに見合う形をというプレッシャーがあったろうことは，十分理解しなければならないと思います。

　この授業を事例として取り上げたのは，「アクティブラーニング型授業ではない」というためではありません。まず，教員が授業内容を一方的に説明するだけの展開よりも，努力されていると思います。

　ただ，この学級は「自己教育・自主管理型学習活動」ができるレベルに近い学級集団の状態と思われたので，授業展開を一工夫するだけで，児童個々の学習活動は，もっと深まると思ったのです。例えば，p. 171 の(1)～(4)に，以下の点のいくつかを取り入れることを考えてもよいのではないでしょうか。

(1)　提起する問題のレベルをもう少し高め，すぐに正解が出るようなものを問題としない（一つの正解を出すことを授業の目的にしない。いろいろな考え方や，この問題の難しさを見つけるなどを目的にする）
(2)　グループのメンバー構成を，学力によるピラミッド型にしないで，自由に発言できるようなメンバー，いろいろな考え方を持っているメンバー構成にする（グループ活動に入る前に，個別に自分の考えや，わからない点を書いておく）
(3)　活動における役割を，事前にいろいろ設定しておき，物理的に関わらざるをえないしくみをつくっておく
(4)　正解かどうかよりも，どのような考え方があったのか，それはどのように導かれたのかに焦点化して，みんなで話し合う（新しくわかったことや難しかった点を，グループで話し合う）

　これらの取り組みを行うことで，児童たちは，より自由に自分の考えを他の児童たちと交流させていくようになるのではないでしょうか。

4　学校現場で真に取り組まれるべきこと

　「アクティブラーニング」という言葉が先行し，「授業にとにかくグループ活動をいれなければならない」というレベルの認識が，学校現場に広がってしまうことを危惧します。
　求められていることは，あくまでも「これからは，すべての授業をアクティブラーニングにしなければならない」ということではないのです。
　最終的に，学習者の「**知識の習得＋汎用的能力の獲得**」を最大化することが目的であり，特に，「汎用的能力の獲得」の視点を確実に取り入れることを求められているのです。そのため，これからの学習活動では，下記のように，求められる授業はシフトしていくことが必要です。

　教員が一方的に学習内容の説明をし，学習者はそれを聴き理解し記憶するという知識伝達型スタイルの授業（コンテンツ・ベイス）
　　　　　　　　　　　　　↓
　学習者の主体的な参加を促し，協同活動の中で学習者の思考を活性化させていくような，よりアクティブな学びを取り入れたスタイルの授業（コンピテンシー・ベイス）

　上記の間には，**いくつかの段階の授業**があります。
　「説明中心でいく方が効果的」な学習内容や学習段階と，「活動中心の方が効果的」な学習内容や学習段階か，考えてみることが必要です。
　「教えるべきことは何か」「学習者たちが協力し合いながら活動するのはどの内容か」，そして，それぞれの学習事項を整理し単元の大枠を押さえて，様々な学習形態の特徴を考えて各授業の展開を考えていく（知識伝達型スタイルの授業やアクティブな学びを取り入れたスタイルの授業など）。それらを組み合わせながら学習計画を立てていくことが必要です。
　ただし，知識伝達型の授業スタイルだけでは，学習者の学習への深いアプローチは期待できませんので，汎用的能力は身につきません。この点は

確実に押さえなければなりません。

　そして，学習計画立案の要素として，学級の「**児童生徒たちの実態**」と「**学級集団の状態**」を考慮していかなければなりません。

　アクティブラーニングは，学習者に，まちがいも含めた自由度の高い試行錯誤をさせる点に特徴があり，その問題解決は，自分で成し遂げる場合もあれば，他者から学び取られる場合もあります。学習者にとって「やらされ感」の小さい学習であり，思考の幅は広がりますが，学習内容の伝達効率が下がる場合も想定に入れておかなければなりません。

　なお，授業の形態というのは，下記の3つに規定されるものです。

①児童生徒個々の実態
　　児童生徒の基礎学力，ソーシャルスキルのレベル，協同意識など
②学級集団の状態
　　学級内の児童生徒の人間関係＝協同関係の構築度，個々の児童生徒のレディネスの分散の度合いなど
③学習内容や学習段階

　教員は，これらをアセスメントして，学級の児童生徒たちの「知識の習得＋汎用的能力の獲得」をより高めるように，授業形態を柔軟に組み合わせていくことが求められます。

　また，この内容を本格的に実施していくためには，教育目標の実現に向けて，各学校の児童生徒の実態に即して，教科等の枠組を越えた教育課程（カリキュラム）を編成し，実施し，評価して改善を図るというPDCAサイクルを計画的に推進していく**カリキュラム・マネジメント**[9]が必要になります。当然，一教員のみで取り組める内容ではなく，学校の教員組織全体で取り組んでいくことが求められます。カリキュラム・マネジメントは，次期学習指導要領では重点項目になってきます。

　授業を担当する教員は，最初に一定の授業の型や方法ありきではなく，担当する学習活動の目的を押さえ，実態把握から適切に授業の形態を選択して，構築していくことが求められるのです。

【文 献】

1) 日向野幹也（2015）．新しいリーダーシップ教育とディープ・アクティブラーニング．松下佳代・京都大学高等教育開発推進センター（編著） ディープ・アクティブラーニング．勁草書房．
2) 学級経営研究会（1998）．学級経営の充実に関する調査研究（中間まとめ）．
3) 全国連合小学校長会（2006）．学級経営上の諸問題に関する現状と具体的な対応策の調査．
4) 河村茂雄（1998）．楽しい学校生活を送るためのアンケート「Q-U」実施・解釈ハンドブック．図書文化．
5) 河村茂雄・武蔵由佳（2008）．学級集団の状態といじめの発生についての考察．教育カウンセリング研究，2，1-7．
6) 河村茂雄・武蔵由佳（2008）．一学級の児童生徒数と児童生徒の学力・学級生活満足度との関係．教育カウンセリング研究，2，8-15．
7) 河村茂雄（2016）．学級集団の状態と授業の展開との関係――アクティブラーニングの視点から．早稲田大学大学院・教育学研究科紀要，26，29-42．
8) 河村茂雄（2012）．学級集団づくりのゼロ段階．図書文化．
9) 中央教育審議会（2015）．教育課程企画特別部会における論点整理について（報告）．
10) Johnson, D. W., Johnson, R. T., & Holubec, E. J. (1993). *Circles of learning*: *Cooperation in the classroom.* 4th ed. Edina, MN: Interaction Book Company.
11) Johnson, D. W., Johnson, R. T., & Smith, K. A. (1991). *Active learning: Cooperation in the college classroom.* 1st ed. Edina, MN: Interaction Book Company. 関田一彦（監訳）（2001）．学生参加型の大学授業――協同学習への実践ガイド．玉川大学出版部．
12) Johnson, D.W., Johnson, R.T., Holubec, E. J., & Roy, P. (1984). *Circles of learning: Cooperation in the classroom.* Alexandria, VA: Association for Supervision and Curriculum Development. 石田裕久・梅原巳代子（訳）（2010）．学習の輪――学び合いの協同教育入門．二瓶社．
13) 河村茂雄（2003）．学級適応とソーシャル・スキルとの関係の検討．カウンセリング研究，36(2)，121-128．
14) 河村茂雄・品田笑子・藤村一夫（2007）．いま子どもたちに育てたい学級ソーシャルスキル・小学校低学年．図書文化．
15) 河村茂雄・品田笑子・藤村一夫（2007）．いま子どもたちに育てたい学級ソーシャルスキル・小学校中学年．図書文化．
16) 河村茂雄・品田笑子・藤村一夫（2007）．いま子どもたちに育てたい学級ソーシャルスキル・小学校高学年．図書文化．
17) 河村茂雄・品田笑子・小野寺正己（2008）．いま子どもたちに育てたい学級ソー

シャルスキル・中学校. 図書文化.
18) 市川伸一 (2008).「教えて考えさせる授業」を創る. 図書文化.
19) 奈須正裕・江間史明・鶴田清司・齊藤一弥・丹沢哲郎・池田真 (2015). 教科の本質から迫るコンピテンシー・ベイスの授業づくり. 図書文化.
20) Ausubel, D. P., & Robinson, F. G. (1969). *School learning : An introduction to educational psychology.* New York : Holt, Rinehart and Winston. 吉田章宏・松田弥生 (訳) (1984). 教室学習の心理学. 黎明書房.
21) Barkley, E. F., Cross, K. P., & Major, C. H. (2005). *Collaborative learning techniques : A handbook for college faculty.* San Francisco, CA : Jossey-Bass.
22) Albanese, M. A., & Mitchell, S. (1993). Problem-based learning : A review of literature on its outcomes and implementation issues. *Academic Medicine, 68* (1), 52-81.
23) 松下佳代・京都大学高等教育開発センター (編著) (2015). ディープ・アクティブラーニング. 勁草書房.
24) Cranton, P. (2006). *Understanding and promoting transformative learning : A guide for educators of adults.* 2nd ed. San Francisco, CA : Jossey-Bass.
25) Bowen, S. (2005). Engaged learning : Are we all on the same page? *Peer Review, 7* (2), 4-7.

> **コラム** 満足型学級を形成する教員の学級集団づくりの方法[8]

　p.101 で紹介した学級集団に関する調査において，満足型学級を形成する教員たちは，学級集団の各発達段階で次のような対応を行っていました。

＜第一段階　混沌・緊張期＞―教示的な関わり
(1) 子どもたちの願いを取り入れた理想の学級の状態を確認する
(2) 理想の学級の状態を成立させるための学級目標を設定し合意する
(3) 学級目標を達成するためにみんなで守るルールを設定する
(4) 教員もルールを守ることを約束する
(5) ルールについて具体的なイメージが持てるように説明する

＜第二段階　小集団成立期＞―説得的な関わり
(1) 教員もルールを守っていることを子どもたちに見せる
(2) ルールをきちんと守って行動している子どもを積極的にほめて，そのような行動を学級内に奨励していく（ルールを守っている子どもたちが学級内の30％になることを目指す）
(3) ルールが学級に定着するまでのルール違反には，その内容によって適切に確実に対応する
(4) 生活班，係活動のグループを積極的に活用し，ルールの定着を図る（ルールの徹底，ルールにそった行動の承認，の2つの要素を班員同士の相互作用で行う）
(5) 生活班，係活動の役割行動に対する評価では，プラスの評価は周りから，マイナス評価は自分から言わせるようにする

＜第三段階　中集団成立期＞―参加的な関わり
(1) 再度，どのような学級集団を目指すのかをみんなで話し合い，そのために必要なルールを再設定して確認する
(2) 活動する際は事前に目標，役割分担をみんなできちんと確認する

(3) 活動する際は事前に目標，それに向かうための中集団の活動の展開の流れを，みんなできちんと確認する
(4) 教員は学級の目標の表明，そのためのルールの対応，日々の行動に，一貫性を持たせる
(5) 学級全体の一体感を体験させ，その意義をきちんと共有させる

＜第四段階　全体集団成立期＞⇔＜第五段階　自治的集団成立期＞―委任的な関わり
(1) リーダーシップを柔軟に切り替える
(2) 子どもの主体性を尊重する形で指導する
(3) 個人のサポートを適切にさりげなく行う
(4) 適切なポイントで子どもたちの意欲の喚起・維持を行う
(5) リーダーの子どもを支えながら，学級内の世論を建設的に方向づける

そして，満足型学級の状態を形成した教員たちは，リーダーシップの発揮の特徴として，学級集団の各発達段階で，明らかにそのリーダーシップ行動の大きな方針に変化が認められました。以下に整理します[7]（図5-2（p.180））。

〈1〉混沌・緊張～2人組の段階：教示的な関わり
児童生徒たちは他の児童生徒たちとどう関わればよいのか，戸惑っている状態です。児童生徒同士で関わる，何人かで活動する，そのやり方を共有させることが必要です。学級集団を育成する前の，個人レベルでの関係づくりが必要な段階です。
　一つ一つやり方を教えていくこと，手本を示してやり方を理解させることが目標になります（教示的な関わり）。教員はこれらの対応を，個人的レベルで十分にする必要があります。

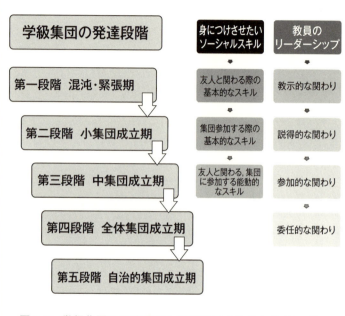

図5-2 学級集団の発達段階と各段階で求められるリーダーシップ行動とCSS（学級生活で必要とされるソーシャルスキル）

〈2〉4人組〜小集団の段階：説得的な関わり

3，4人の小グループが乱立し，また，それらに入れない児童生徒たちが孤立傾向にあるなど，集団の成立が不十分な状態です。小グループの利益が全体に優先し，互いのエゴがぶつかって，グループ間の対立も少なくありません。

なぜそのようなルールが必要なのか，どうしてこのように行動しなければならないのかを，詳しく，感情面も含めて説明し，納得できるように理解させることが必要となります（説得的な関わり）。その上で，さ

あやってみようと,児童生徒たちが抵抗なく取り組めるように,指示を出していきます。

　教員はこのような対応を,個人的レベルと並行して,集団全体の前でも,十分にする必要があります。大事な内容,自分の意見の表明は,特定のグループの児童生徒たちだけに話すのではなく,全体の場で表明する配慮が求められます。特定のグループの児童生徒たちだけにすると,他のグループとの対立の中で,「先生はこう言った」という具合に,曲解されて伝えられてしまう場合があるからです。

〈3〉小集団〜中集団の段階:参加的な関わり

　学級集団の機能が成立し,集団として動けるようになってきている段階です。学級集団で活動するためのコツを,児童生徒たちに体験学習させることが必要な段階です。

　そのため,「ああしなさい,こうしなさい」と教員が上から指示を出す形はとりません。児童生徒たちの中に,自分たちでやってみようという機運を大事にするために,そういう雰囲気に教員も学級集団の一人のメンバーとして参加する形で入り,リーダーシップをとっている児童生徒たちをさりげなくサポートし,集団のまとまり,活動の推進を陰で支えていきます(参加的な関わり)。教員は一歩引いた形で活動に参加しながら,しっかり集団や活動を支え,児童生徒たちに自分たちでできたという,実感を持たせるようにしていくわけです。

〈4〉中集団〜学級全体集団の段階:委任的な関わり

　学級集団の機能が成立し,そのもとで児童生徒たちが自主的に動けるようになってきている段階です。

　児童生徒たちが自分たちでできる内容は,思い切って児童生徒たちに任せて,教員は全体的,長期的な視点でサポートします(委任的な関わり)。児童生徒たちだけでは対応できない問題に対して,解決策のヒン

トをアドバイスするように関わるわけです。

　なお，この段階では，教員は学級集団の状態をみながら，参加型から徐々に委任型に移行していきます。教員が仕切ってしまえば早くできますが，それを抑えて児童生徒たちの自主性を育てていく取り組みですから，ある意味，とても難しい対応です。もちろん，「任せる」という名の「放任」とは全く違います。この段階の教員は，リーダーという存在よりも，スーパーバイザーのような存在に近いと考えられます。

あとがき

　21世紀は「知識基盤社会」の時代であるとともに，グローバル化が一層進む時代で，多様な価値観が存在する中で，自分とは異なる文化や歴史に立脚する人々との「多文化共生」の時代であるとも指摘されています。このような社会的な要請を受けて，これからの時代に生きる児童生徒に必要とされる能力は変化し，学校教育の内容もそれにつれて変化していきます。

　このような大きな変化の中で，「学校教育の目的とは何か」とあらためて問われると，現場の教員でもその答えにしばし窮してしまうのではないでしょうか。日々の教育現場の忙しさに追われていると，なおさらだと思います。

　教育基本法第1条（教育の目的）をあらためて見ると，曰く，「教育は，人格の完成を目指し，平和で民主的な国家及び社会の形成者として必要な資質を備えた心身ともに健康な国民の育成を期して行われなければならない」とあります。つまり，学校教育の目的は，自他の人間の存在価値を尊重し，自分の生活をコントロールし，社会的に自立した形で自己責任を積極的に果たそうとする人格の完成を目指すものであり，知識や技能，能力を身につけることはそのための手段であって，学校教育の最終的な目的は，児童生徒の人格の完成を目指すものなのです。

　獲得した汎用的能力（キー・コンピテンシー）を健全に生かすのも，個人の人格に関わってくるものだと思います。社会の大きな変化の中で，この点だけは教育者は忘れてはならないと思います。

　発達心理学の諸理論を引用するまでもなく，人間が段階的に心理社会的な発達をしながら自己の確立，人格の完成に至るためには，その発達段階に見合った，対人関係の体験学習が不可欠です。このプロセスを通して，人との関わりの中で，そして社会との関わりの中で，自分なりに輝ける個性を持つ人間が，形成されていきます。学校が担う教育機能は，単に児童生徒に知識・技能の習得や能力の開発をさせるという面だけではなく，心

理社会的な発達を援助する側面を忘れてはならないと思います。ここに，学校教育の大きな存在意義があり，これを喪失してしまったとしたら，学校はその存在する意義を問われてしまいます。

　学級集団は，知識や技能の獲得や能力の開発を目指す学習の場であるだけではなく，学級生活や活動を通して行われる人格形成の場でもあります。つまり，学校教育の目的が具体的に展開される場が，まさに学級集団なのです。

　児童生徒間に建設的な相互作用のある学級集団の育成，その学級集団での活動や生活を通して，児童生徒一人一人の心理社会的な発達を促進すること，これが教員の学級経営の目標です。このような学級経営が，心の教育，人格の育成という学校教育の目的を具現化するのです。

　本書をまとめるにあたっては，このような学級集団の機能と児童生徒の人格形成につながる心理社会的な発達の視点を盛り込むことはできませんでした。しかし，学校教育の充実には，基盤となる学級集団の状態がキーになると信じて，20年間を超えて取り組んできました。今，アクティブラーニングが注目されていますが，児童生徒のアクティブラーニングの向上にも，やはり，学級集団の建設的な機能が不可欠であることをあらためて整理できたことは，私にとっても意味があることでした。

　早稲田大学に異動してきてもうすぐ10年になろうとしています。このような中で，私の学級集団に関する研究に関心を持ってくださり，常に励ましてくださった元中央教育審議会の副委員長をされていた安彦忠彦先生には感謝しております。幸運にも，6年間同じ研究科で同僚として働くことができ，学内でお会いするたびに声をかけていただき，様々な会で教育政策に関する貴重なお話を聞かせていただきました。かつ，私が主催する研究会でも数多く講演していただき，懇親会にも気さくに参加してくださって，先生の率直なお考えをうかがうことができたことが，私の研究の広がりにつながっていったと思います。紙面をお借りして，あらためて感謝の意を表したいと思います。

　児童生徒の対人関係形成能力の低下とともに，ますます学級集団づくりが難しくなってきたこの時期に，より教育的機能の高い学級集団づくりが

あとがき

求められてきました。すでにスタートしている次の10年の私の課題は，児童生徒の学習面と心理社会的発達面を統合して育成していくには，親和的で柔軟性のある学級集団が必要なことを訴え，具体的にどう取り組むべきなのかを，実証的な研究知見を積み重ね，発信していくことだと考えています。そして，この課題は，単に学級集団にとどまらず，人間が特定の目的を持って集う集団や組織でも，内在化する課題になると思います。

最後に，私の研究を支えてくれているのは，データ収集や入力・分析，海外文献の収集と和訳を手伝ってくれた多くの院生の方々の存在があります（特に今回は，海外の文献の抽出と翻訳にあたって，早稲田大学大学院教育研究科博士後期課程河村ゼミに在籍している森恵子氏（東京基督教大学）と河村昭博氏，修了生の武蔵由佳氏（盛岡大学）に多大なご協力をいただきました。紙面をお借りして，謝意を表したいと思います）。院生たちと一緒に取り組んでいるときは，常に自分も院生時代に戻ったように，新鮮な気持ちで研究に取り組むことができています。院生のみなさんに感謝したいと思います。

そして，最初はほぼ論文調だった本書を，多くの方にわかりやすく読めるようにと編集してくださった，誠信書房の松川直樹氏にも感謝しております。多くの方に支えられて，本書をまとめられたことに感謝し，本書が学校教育に関わる方々の参考にされることを願っております。

2016年11月
　研究者を志してから四半世紀が経過した今この時期に

早稲田大学教育・総合科学学術院教授
博士（心理学）　河村茂雄

著者紹介

河村 茂雄（かわむら しげお）

早稲田大学教育・総合科学学術院教授。筑波大学大学院教育研究科カウンセリング専攻修了。博士（心理学）。公立学校教諭・教育相談員を経験し，岩手大学助教授，都留文科大学大学院教授を経て，現職。日本学級経営心理学会理事長，日本教育カウンセリング学会理事長，日本教育心理学会社員，日本カウンセリング学会理事，日本教育カウンセラー協会岩手県支部長。論理療法，構成的グループエンカウンター，ソーシャルスキルトレーニング，教師のリーダーシップと学級経営の研究を続けている。

著書

『教師のためのソーシャル・スキル』『教師力（上・下）』『学級崩壊に学ぶ』（以上，誠信書房），『日本の学級集団と学級経営』『学級集団づくりのゼロ段階』『学級リーダー育成のゼロ段階』『学級担任の特別支援教育』（以上，図書文化），『教師のための失敗しない保護者対応の鉄則』（学陽書房）ほか多数

アクティブラーニングを成功させる学級づくり
──「自ら学ぶ力」を着実に高める学習環境づくりとは

2017年1月20日　第1刷発行
2018年9月15日　第2刷発行

著　者　河村茂雄
発行者　柴田敏樹
印刷者　藤森英夫

発行所　株式会社　誠信書房
〒112-0012 東京都文京区大塚 3-20-6
電話 03（3946）5666
http://www.seishinshobo.co.jp/

©Shigeo Kawamura, 2017　Printed in Japan
ISBN978-4-414-20221-2 C1037

印刷所／製本所　亜細亜印刷㈱
落丁・乱丁本はお取り替えいたします

JCOPY ＜(社)出版者著作権管理機構 委託出版物＞
本書の無断複写は著作権法上での例外を除き禁じられています。複写される場合は，そのつど事前に，(社)出版者著作権管理機構（電話 03-3513-6969，FAX 03-3513-6979，e-mail: info@jcopy.or.jp）の許諾を得てください。

教師力 上・下
教師として今を生きるヒント

河村茂雄著

教師が抱える生きがいの喪失感や心の痛みにどのように対処していくか，また，教職に喜びとやりがいをもちながら，一人の人間として生涯にわたって成長していく力を育むうえでの指針を提唱する。

目次（上）
- 第1章　やりがいを見失った中堅・ベテラン教師たちの苦悩
- 第2章　教師の心の健康を悪化させるもの
- 第3章　中堅・ベテラン教師が直面する発達の危機
- 第4章　悩みながらも「マイベスト」を尽くす教師たち
- 付録　自分の健康度をチェックしてみよう

目次（下）
- 第5章　若い教師の退職が増えている
- 第6章　若い教師が直面する発達の危機
- 第7章　調査からわかった要注意の教師たち
- 第8章　事例から学ぶポイント
- 第9章　教師として生きる

四六判並製　（上）定価（本体1600円+税）
　　　　　　（下）定価（本体1800円+税）

教師のためのソーシャル・スキル
子どもとの人間関係を深める技術

河村茂雄著

子どもとの関係がうまくいかない」「学級経営がうまくいかない」などの悩みを抱える教師が増えている。こうした問題を解決するために，本書では，子どもとの関係を良好にするコツとポイントを，教師が学校現場で生かせるようにわかりやすく解説している。

主要目次
- 第1章　教師はソーシャル・スキルをみがく時代がきた
  - 1　ソーシャル・スキルとは
  - 2　現代の子どもたちとのかかわりにはソーシャル・スキルが必要 / 他
- 第2章　子どもたちの実態をつかむ
  - 1　現代の子どもたち / 他
- 第3章　教師の思いを適切に伝える
  - 1　適切な伝え方とは / 他
- 第4章　適切に対応できない隠れた原因
  - 1　思っているように伝わっていない / 他
- 第5章　学級集団に対応する
  - 1　基本的な動き / 他

四六判並製　定価（本体1800円+税）

教師のチームワークを成功させる6つの技法
あなたから始める
コミュニケーションの工夫

パティ・リー著

石隈利紀監訳　中田正敏訳

教職員向けの，同僚とのコミュニケーション構築の技術を解説した実用書。小，中，高校，特別支援学校の教師がもっとも苦労する同僚とのチームワークの構築法を6つの技法に分けて解説。全部で180個のテクニックを掲載。巻末に実例に基づいたヒント集と100個のアイディアを収録。

目次
第1章　今後に期待をもつ
第2章　前もって準備しておく
第3章　さまざまなものの見方を理解する
第4章　質問する
第5章　人の話を聞く
第6章　明確に話す
■チームワークの活性化に役立つヒントカード――あなたの日々の生活でのストレスを減らし，生産性を上げるための100のアイディア

A5判並製　定価（本体1300円＋税）

学校心理学
教師・スクールカウンセラー・
保護者のチームによる
心理教育的援助サービス

石隈利紀著

日本における「学校心理学」の体系を提示し，それに基づいて一人ひとりの子どものニーズに応える学校教育サービスの新しいシステムを具体的に示した決定版。教師，スクールカウンセラー，保護者，教育行政担当者，心の教室相談員など，子どもの援助に関わる人びとの必読書。著者の体験談が豊富に盛り込まれており，わかりやすく読みやすい。

目次
第Ⅰ部　理論編――学校心理学の体系
　1　新しい学校教育サービスをめざして
　2　アメリカにおける学校心理学
　3　日本における学校心理学
　4　心理教育的援助サービスの基礎概念／他
第Ⅱ部　実践編――心理教育的サービスの実践活動
　8　心理教育的アセスメント
　9　カウンセリング
　10　教師・保護者・学校組織へのコンサルテーション
　11　学校心理学の固有性と今後の課題

A5判上製　定価（本体3800円＋税）

学校安全と子どもの心の危機管理
教師，保護者，スクールカウンセラー，養護教諭，指導主事のために

藤森和美編著

子どもたちの日常は以前と比べものにならないくらい多くの危険に満ちている。事故や災害に出会った子どもたちへの緊急に支援が必要とされる心と体の問題を取り上げる。優先順位を付けて，何をどうすべきかを専門家がテーマ別にアドバイスする。緊急事態に際して子どもの心の傷を広げないためにすべきことを一目で分かるように工夫して書かれている。

目次
1章　学校安全とは
2章　「死」をどうやって伝えるか
3章　死の局面に際して
4章　いじめの危機管理
5章　不登校
6章　虐　待
7章　性暴力被害を受けた子どものケア
8章　性の安全と健康
9章　非行問題
10章　いじめ予防

B5判並製　定価(本体2300円+税)

キャリアアップ学級経営力
ハプンスタンス・トレーニング 中学校編

蘭 千壽・高橋知己著

本書は学級経営のスキルアップに役立つよう工夫されている。その特長は第一に，学級の状況を分析し四つに類型化することを提案していること。第二は事例を読む，分析する，書き込みながら整理する，解説を読みながら考察を深めるという演習スタイルをとっていること。参加しながら考えることができるようになる，教員の免許更新講習会や学級経営に関する講習会のテキストに好適の一冊。

目次
[解説編]
第1章　これからの教員に求められる「力」は何か
第2章　あなたの学級はどのタイプ？
第3章　ハプンスタンス型指導
[実践編]
第1章　自主的な生徒たち
第2章　いじめ・固定的な人間関係に悩む学級
第3章　教師主導の学級
第4章　教師が学級を壊して行く？
第5章　変わる学級
第6章　中学校というフィールド

B5判並製　定価(本体1900円+税)